Wolfgang Thielke

Jungen brauchen Liebe

So werden aus Söhnen glückliche Männer

Weltbild

Inhalt

Die Rollenbilder von Männern haben sich verändert. Dies prägt auch die Entwicklung ihrer Söhne.

Die innige Verbindung zwischen Mutter und Sohn – Mythos oder Realität?

Ein paar Worte zuvor

Wenn wir von »Kindern« sprechen, bezeichnen wir damit meistens Mädchen und Jungen. Manchmal spielt es jedoch durchaus eine Rolle, welches Geschlecht tatsächlich gemeint ist. In einem Vortrag einer Schulpsychologin ging es um hyperaktive Kinder. Damit sind auffallend lebhafte Kinder gemeint, die so genannten Zappelphilippe. Die referierende Psychologin sagte, dass nur drei Prozent der Kinder krankhaft hyperaktiv seien. Zum Schluss antwortete sie auf eine Frage aus dem Publikum, ob denn Jungen oder Mädchen häufiger von Hyperaktivität geplagt werden, dass unter dieser »Auffälligkeit« fast ausschließlich Jungen leiden. Auf acht hyperaktive Jungen kommt lediglich ein hyperaktives Mädchen – eine vernachlässigbare Größe. Wenn Mädchen jedoch kaum hyperaktiv und deshalb für die Statistik nicht relevant sind, erhöht sich dadurch der Prozentsatz der betroffenen Jungen erheblich.

Unterscheidet man auch andere Statistiken über Kinder nach Jungen- und Mädchendaten, dann kommt Überraschendes zu Tage: Jungen sind erheblich häufiger krank als Mädchen. Jungen haben sehr oft einen geistigen und (fein-)motorischen Entwicklungsrückstand. Jungen sind weniger fleißig als Mädchen. In der Schule bleiben 50 Prozent mehr Jungen als Mädchen sitzen. Es gibt viermal so viel stotternde Jungen wie Mädchen. Sonderschulen für verhaltensgestörte Kinder werden fast nur von Jungen besucht. Viermal mehr Jungen als Mädchen werden von Zwangsvorstellungen geplagt. Im Straßenverkehr sterben mehr Jungen als Mädchen. Die Selbstmordrate bei Jungen ist mehr als dreimal so

Diese Viererbande hat offensichtlich eine Menge Spaß. Doch die Wirklichkeit sieht oft anders aus.

hoch. Jungen sind gewalttätiger als Mädchen. Doch es gilt auch: Jungen stellen nicht nur die meisten Täter, sondern auch die meisten Opfer.

In den Kindertagen ist das starke Geschlecht schwach.

»Diese Mistkerle!« – Wie oft habe ich diesen Ausruf gehört! Und meist waren Jungen damit gemeint, die irgendetwas angestellt oder sich auch nur schlecht benommen hatten. »Mistkerle!« – Darin steckt häufig der Vorwurf, dass die Eltern dieser Jungen Wichtiges in der Erziehung versäumt hätten, und die Aufforderung, doch endlich einmal die »Zügel anzuziehen«. Doch sind die Eltern wirklich schuld? Oder ist das Leben der Jungen vielleicht schwieriger und sind sie gefährdeter? Und wenn das so ist, woran liegt das möglicherweise?

Jeder Mensch ist einzigartig

Wenn in diesem Buch immer wieder von **den** Jungen, **den** Mädchen, **den** Männern, **den** Frauen, **den** Vätern und **den** Müttern die Rede ist, dann soll darüber keineswegs die Individualität eines jeden einzelnen Menschen vergessen werden. Die Zuordnung in geschlechtsspezifische Gruppen ist jedoch zum Erkennen von manchen genau darauf beruhenden Unterschieden unbedingt notwendig.

Sind Jungen wirklich so anders? Und sind sie wirklich so schwierig, wie manche gestressten Eltern (und Lehrer) behaupten? Doch die wichtigste Frage ist sicherlich die: Was können Mütter und Väter tun, damit ihre Jungen glücklich sind und später glückliche Männer aus ihnen werden? Dieses Buch beantwortet diese und viele andere Fragen. Außerdem gibt es viele Ratschläge und Anregungen, wie Eltern mit ihren Söhnen umgehen sollten, damit sie zu selbstbewussten und ausgeglichenen Männern heranwachsen können.

Die neuen Männer

Wenn wir »Jungen« sagen, meinen wir kleine Männer, und fast alle Jungen wollen auch einmal große Männer werden. Bis dahin ist es allerdings ein weiter und schwieriger Weg, den sie zu meistern haben. Wie wollen sie als Mann einmal sein? In früheren Zeiten gab es auf diese Frage relativ klare Antworten. Heute haben die Jungen die Qual der Wahl. Und trotz dieser Wahlmöglichkeiten ist es in der modernen Gesellschaft eher schwierig, geeignete männliche Vorbilder zu finden.

Was ist passiert?

In den letzten vier Jahrzehnten haben vor allem in Mitteleuropa und Amerika grundlegende Veränderungen der Männlichkeit stattgefunden. Die so genannten 68er »revolutionierten« die Gesellschaft in vielerlei Hinsicht. Das blieb auch für die Männer nicht ohne Folgen. Nach der Hippiebewegung in den 70er Jahren gab es einen neuen Mann, den »Softie«. Er wollte ganz anders sein als die bisherigen Männer, vor allem einfühlsam und zärtlich. Bis dato waren das relativ unmännliche Eigenschaften. Softies waren die ersten Männer, die den Mut hatten, zu ihren femininen Anteilen zu stehen und sie auszuleben. In den ausklingenden 80er Jahren emanzipierten sich dann die Homosexuellen als eigener Männertypus. In den 90er Jahren gerieten die Männer vor allem in Mitteleuropa immer mehr in Bedrängnis durch die Frauen. Die Gleichstellung der Frauen korrigierte das bisherige Männlichkeitsbild auf nie gekannte Weise. Frauen eroberten mehr und mehr männliche Domänen – und verunsicherten die Männer damit ganz erheblich.

Das alles blieb natürlich nicht ohne Auswirkung auf die heranwachsenden Männer, die Jungen. Ihre einst so starken Väter wurden entmachtet, und ihre bisher so klar definierte Rolle wurde in Frage gestellt. Oder bildhaft gesprochen: Die Rambos und Schwarzeneggers, die Patriarchen und Paschas, die Helden und einsam reitenden Marlboro-Cowboys wurden abgehalftert, waren sozusagen über Nacht ihrer Ausstrahlung beraubt. Damit wurden die geschlechtsspezifischen Leitbilder von einst für viele Jungen unglaubwürdig und damit untauglich.

Männer spielen nur noch Nebenrollen

Männer haben in den Familien moderner Gesellschaften immer weniger Bedeutung und müssen sich zunehmend mit einer Nebenrolle zufrieden geben.

Zu diesem Schluss kamen Soziologen beim 14. Internationalen Soziologen-Kongress im kanadischen Montreal. Die patriarchale Struktur der Familie sei unter anderem durch die Liberalisierung der Gesellschaft in religiöser Hinsicht, durch die Schulpflicht auch für Mädchen und die Emanzipation der Frau zum Sterben verurteilt, sagte die französische Soziologin Christine Castelain-Meunier. »Der harte Kern, um den heute die Familie kreist, ist die Mutter«, betonte sie. Weitere Hinweise für den Abstieg der männlichen Dominanz seien die wachsenden Scheidungsraten und damit einhergehend eine Unterscheidung zwischen biologischem und sozialem Vater, sagte die Forscherin.

Auch in sexueller Hinsicht sehen viele Soziologen die klassische männliche Sexualität als Auslaufmodell. Leistung und Befriedigung spielten eine immer geringere Rolle, sagte der US-Biologe Robert Franceur. Frauen wollten heutzutage weniger Sexualität in der Beziehung und mehr Zärtlichkeit. Die Potenzpille Viagra sei in dieser Hinsicht »das letzte Aufbäumen einer absterbenden patriarchalischen Kultur«, so Franceur. *3. 8. 1998 Süddeutsche Zeitung*

Gefährliche Gleichmacherei

Statt dieser alten Leitbilder werden den Jungen nun häufig gleichaltrige Mädchen als Vorbilder angeboten. Denn Mädchen sind in Kindergarten und Schule, aber auch in den Familien meist erfolgreicher, sind also ein positives Beispiel. Sie begreifen schneller, haben die besseren Noten, die feineren Manieren, können sich besser ausdrücken. Vor allem aber sind sie meistens unauffälliger, umgänglicher, vernünftiger, einfühlsamer und sozialer. Mädchen sind aus Eltern- und Lehrersicht verhältnismäßig problemlos und deshalb prädestiniert als gutes Beispiel für die Jungen. Was lag also näher, als das typische Mädchenverhalten zur erzieherischen Norm zu erheben? Seit drei, vier Jahrzehnten werden deshalb Jungen und Mädchen gemeinsam und weitgehend gleich erzogen.

Aus Jungensicht sind Mädchen das, was Jungen gerade nicht sein wollen: unmännlich. Darum sind sie als Vorbild ungeeignet.

Doch diese Art von Koedukation löst das Jungenproblem nicht – im Gegenteil. Die Konfrontation mit den unerreichbar Besseren vom anderen Geschlecht setzt die Jungen sogar unter Druck. Zunächst geraten sie in Wettbewerbsstress, später verfallen sie in Hilflosigkeit, denn zwischen Jungen und Mädchen gibt es noch nicht einmal ein faires Kopf-an-Kopf-Rennen. Es ist wie im Märchen vom Hasen und dem Igel: Die Mädchen gewinnen im Notenwettbewerb mit Abstand (außer im Sport) und die Jungen sind auf breiter Front ewige Verlierer. Ausnahmen bestätigen auch in diesem Fall die Regel.

Zunahme der Gewaltbereitschaft

Jungen lernen zwar beizeiten, dass sie in vieler Hinsicht benachteiligt sind, aber sie verdrängen die schmerzliche Erfahrung und kompensieren die Schwäche auf ihre Weise. Als Unruhestifter, Störer und Randalierer suchen sie – ganz cool – den Ausgleich. In Ausmaß und Kreativität der destruktiven Aktionen können ihnen

Mädchen tatsächlich nicht das Wasser reichen. Viele Jungen fliehen aus der Verlierersituation in ein selbstkonstruiertes Chaos aus Einbildung, Überheblichkeit oder Gewalt. Im schlimmsten Fall ist das sogar der Einstieg in die kriminelle Szene.

Jungen und Mädchen im Vergleich

Das unterscheidet Jungen von Mädchen:

- Jungen entwickeln sich im Baby- und Kleinkindalter langsamer.
- Sie werden später sauber.
- Sie denken langsamer.
- Sie lernen später sprechen.
- Sie haben bei feinmotorischen Bewegungsabläufen ein Defizit.
- Sie leiden häufiger unter dem Tourette-Syndrom (chronische Tics).
- Sie haben Probleme mit der Handschrift.
- Sie haben weniger Sinn für Ordnung.
- Sie haben mehr Probleme im Umgang mit anderen Menschen.
- Sie sind phlegmatischer.
- Sie sind äußerlich gefühlsärmer.
- Sie sind unberechenbarer und verstoßen häufiger gegen Regeln.
- Sie sind aggressiver, gewalttätiger, rücksichtsloser.
- Sie brauchen mehr Zuwendung und Ansprache.

Dieser schlimmste Fall betrifft nur einen sehr kleinen Prozentsatz. Generell muss jedoch festgestellt werden: Die Bereitschaft zur Gewalt und zur Intoleranz hat in den vergangenen Jahren zugenommen. Nicht wenige Jungen schlittern an der Gefahr, auf die schiefe Bahn zu geraten, nur knapp vorbei. Warum das so ist, hängt von der Veranlagung eines Jungen ab, aber noch viel mehr von Faktoren, die eng an seine Erziehung gekoppelt sind. Denn eine gute Erziehung vermittelt das Gefühl für Recht und Unrecht, erzeugt Selbstsicherheit und hilft dem Jungen, eine ausgewogene Persönlichkeit zu entwickeln (➛ Kapitel »Gewalt kommt nicht von allein«, Seite 44-57).

Vorbilder gesucht

Dass Kinder – Jungen wie Mädchen – Vorbilder brauchen, ist wohl unbestritten. In der Realität tun sich Jungen oft schwer, akzeptable Vorbilder zu finden. Deshalb suchen die Kids ihre Idole in der imaginären Szene – und sie finden ihre »coolen« und »geilen« Typen in Jugendillustrierten, Comic-Heftchen, den TV-Serien und modernen Seifenopern, in der Musikszene, den Videoclips der Musiksender ...

Vorbildliche Väter? Auweia!

»Die feministische Revolution hat uns zwar bewusst gemacht, wie sehr unsere Wirtschaftsordnung die Frauen benachteiligt, aber nicht, wie sehr sie die männliche Psyche verkrüppelt«, schreibt Sam Keen in »Feuer im Bauch«. Er will damit sagen, dass die besten und klügsten Männer unserer Zeit auf Erfolg getrimmt und von ihrer Arbeit aufgefressen wurden und werden. Darunter befinden sich selbstverständlich auch all die Väter, die eigentlich ihren Söhnen als Vorbild dienen sollten. Um den Lebensunterhalt für die Familie alleine oder hauptsächlich zu verdienen, nehmen sie bestimmte Rollen ein, ob ihnen diese liegen oder nicht. Sie müssen ihr Leben dem Zeitplan des Geschäfts unterwerfen, sich nach Terminen richten und dabei die Familie selbstverständlich zurückstellen. Sie engagieren sich freiwillig als eine Form von modernen Sklaven, um das Risiko, Kinder zu haben, so hoch wie möglich abzusichern. Und manche von ihnen empfinden durchaus Freude dabei, freilich mit der fragwürdigen Aussicht, irgendwann ausgebrannt und abgearbeitet erkennen zu müssen, dass ihnen ihre Kinder entwachsen sind und sich ihre Frauen von ihnen entfernt haben. Dieser Typ Vater, der sich seine Kinder für die Terminlücken aufspart, ist heute leider ziemlich weit verbreitet.

Gleichberechtigung könnte heißen, dass sich die Eltern den Job und die Kindererziehung teilen.

Gefährliche Vorbilder

Eine kleine, aber dafür nicht minder radikale Gruppierung findet immer mehr Anklang unter den heranwachsenden Jungen: die rechte Szene. In diesem Milieu gibt es nämlich (noch) jene echten Männer, die in der Gesellschaft eigentlich keinen Stand mehr haben. Männer, die einen das Fürchten lehren, die ihren verbalen Attacken gegen Schwache, Ausländer und Andersartige auch Taten folgen lassen, die ihre Überzeugungen nachdrücklich und brutal vertreten. Die kahl geschorenen neuen Helden demonstrieren Macht und Stärke, Unabhängigkeit und eine unübersehbare, oft aufdringliche wie abstoßende Männlichkeit – Attribute, die viele Jungen ungeheuer faszinierend finden.

Natürlich kann man nicht alles auf den Beruf des Vaters schieben: Es gibt genügend andere Ursachen, weshalb es unter den Vätern so wenig akzeptable Vorbilder gibt. Im Folgenden werden – absichtlich polarisierend formuliert – die verschiedenen Typen von Vätern vorgestellt, mit denen es Jungen, die heute heranwachsen, zu tun haben.

Der Terminlücken-Vater

Der Terminlücken-Vater erwartet, dass sein Sohn und seine Frau auf ihn warten, zumindest wenn er heimkommt und einmal Zeit für sie hat. Er liebt seine Familie selbstverständlich über alles, hat aber leider einen Vertrag mit seiner Firma, und die geht im Bedarfsfall vor. Und Bedarf besteht fast immer. Er hält sich für wichtig, weil ohne ihn nichts läuft, weder in der Firma noch zu Hause. Die Erziehung seines Sohnes überlässt er jedoch seiner Frau – er muss ja das Geld verdienen. Wenn der Terminlücken-Vater mit seinem Sohn zusammen ist, muss alles organisiert sein und schnell

gehen. Wenn es Schwierigkeiten gibt, hat der Terminlücken-Vater dringend ein paar Anrufe zu erledigen. Dazwischen sagt er selbstverständlich deutlich seine Meinung, ordnet an, verspricht Frau und Sohn viel und beklagt, dass er nicht öfter zu Hause sein kann. Bei seinem Sohn hat der Terminlücken-Vater einen guten Stand. Der himmelt ihn an und glaubt, sein Vater sei ein Boss, eine ganz wichtige Person. Die Firma des Vaters ist für ihn so etwas wie eine Fabrik, die ohne seinen Daddy still steht. Also hört Sohnemann ohne Murren zu, wenn der Terminlücken-Vater ihm eine Geschichte vorliest, die ihm schon tags zuvor seine Mama vorgelesen hat. Hauptsache, Papa ist überhaupt da. Der Sohn gibt die Hoffnung nicht auf und träumt weiterhin von gemeinsamen Abenteuern mit seinem Vater: »Wenn Papa mal frei hat, dann ...«

Der »Ernährer« muss nicht nur Geld verdienen. Zeit haben ist oft wichtiger – und anstrengender.

Der Befehl-Vater

Der Befehl-Vater hat einen Ton wie ein Offizier und verwechselt das Kinderzimmer oft mit dem Kasernenhof. Er hat meist weniger Recht, als er laut ist. Das schüchtert seinen kleinen Sohn noch ziemlich ein. Der größere Sohn streckt dem Befehl-Vater dann schon die Zunge raus, wenn dieser das Zimmer verlassen hat, nachdem er wieder mal was von Zucht und Ordnung gepredigt hat. Der Befehl-Vater tut nämlich nur so, als sei er mächtig. Seine Drohungen sind leer, und wenn nicht die Mutter den Autoritätsverlust ständig kaschieren und die väterlichen Weisungen rechtfertigen würde, gäbe es fast tagtäglich einen offenen Kampf. Der Befehl-Vater hat einen Job, in dem er anderen nicht viel zu sagen hat, sondern meist selbst gehorchen muss. Deshalb möchte er wenigstens zu Hause als der Kommandeur auftreten.
Der ältere Sohn findet seinen Vater ziemlich blöd. Die Befehle des »Alten« gehen an ihm vorbei, in das eine Ohr rein und aus dem anderen raus. Nie würde der Sohn seinen Vater um etwas bitten oder

ihm seine Sorgen erzählen. Davon weiß der Vater nichts, und er will auch nichts davon wissen.

Der gedemütigte Vater

Der gedemütigte Vater ist ein bemitleidenswerter Zeitgenosse, ein Außenseiter. Er leidet vor allem unter den verbalen Attacken seiner Frau. Seinen Sohn sieht er als ihren Verbündeten, und er hat deshalb kein rechtes Vertrauen zu dem Jungen. Er wünscht sich oft, dass alles anders wäre, hat aber nicht den Mut, wirklich etwas an der Situation zu ändern. Stattdessen zerfließt er sichtbar in Selbstmitleid. Seine Miene ist immer ernst, er lacht fast nie, und er ist saft- und kraftlos. Der gedemütigte Vater glaubt, dass er nicht geliebt wird, auch nicht von seinem Sohn. Er bemüht sich aber auch nicht zu erfahren, ob ihn sein Sohn gern hat. Was immer in der Familie gesprochen wird, er sieht überall Demütigungen und Kritik. Weil er viele Sorgen mit sich herumschleppt, ohne darunter zusammenzubrechen, hält er sich für stark, für einen Märtyrer. Der gedemütigte Vater hat kein Interesse an Hobbys, und er hat keine Ideen, was er gemeinsam mit seinem Sohn »anstellen« könnte. Er hat kaum noch Erinnerungen an seine eigene Kindheit. Alle gemeinsamen Unternehmungen, die sein Sohn ihm vorschlägt, hält er für sinnlos und kindisch. Einfach nur Spaß haben, das will er nicht.

Was Achtung und Liebe heißt, können Eltern nicht anerziehen, aber vorleben.

Der Sohn findet das überheblich und ist deshalb traurig. Er mag seinen Vater, aber er spürt, dass der ihm diese Zuneigung nicht abnehmen würde. Dass die Mutter den Vater ständig so niedermacht, verletzt ihn. Dann möchte er am liebsten dazwischengehen; er will seinen Dad verteidigen.

Demütigende Streitsituationen zwischen den Eltern verletzen auch die Kinder, die oft nur hilflos zuschauen können.

Aber womöglich würde er sich es dadurch mit seiner Mutter verderben und dann zwischen zwei Stühlen sitzen.

Der Chauvi-Vater

Der Chauvi-Vater macht schlechte Witze über Frauen und lacht dann auch noch dreckig darüber. Achtung vor Frauen ist ihm fremd, er hält sie alle für »blöde Weiber«. Selbst seine Frau nimmt er da nicht aus, sie scheint ihm ziemlich egal zu sein. Auch ihr Verhältnis zu seinem Sohn interessiert ihn nicht. Soll sie doch sehen, wie sie mit dem Jungen fertig wird. Er dagegen kann gut mit ihm umgehen, ein bisschen raubeinig zwar, aber dafür herzlich. Nur er weiß, was Jungen so brauchen. Die Hand sitzt ihm locker. Der Sohn spürt, dass der Vater Angst hat, aber er traut sich nicht zu widersprechen. Und er fürchtet sich vor ihm. Später durchschaut der Sohn die dummen Sprüche des Vaters; er erkennt, dass sich dahinter ein ängstlicher Mensch verbirgt.

Softies haben einen schweren Stand – nicht nur bei ihren Söhnen – und sind deshalb heutzutage immer weniger gefragt.

Der softe Vater

Der softe Vater übernimmt häufig den Part der Mutter. Er hat meist keine Ambitionen im Beruf, er ist liebend gern Hausmann, sieht aber noch nach Jahrzehnten aus wie ein Student. Für die Kinder sorgt er liebevoll. Er kocht, wäscht und putzt, aber mit einer gewissen Nachlässigkeit, weil man alles nicht so ernst nehmen muss. Der softe Vater liest und diskutiert gern, allerdings ohne echte Leidenschaft. Sport ist ihm ein Greuel, und Muskeln hält er für überflüssig. Es fällt ihm schwer, aus der Rolle zu fallen: Er ist immer beherrscht und kontrolliert. Seine Wut verarbeitet er stillschweigend, bis sie verschwunden ist. Seinen Sohn sieht er und erzieht er quasi als Neutrum. Frauen gegenüber ist der softe Vater zuvorkommend, aber ohne Pep. Er gibt sich sensibel, ist aber eigentlich sehr unsicher. Zu seiner Frau ist er sehr zärtlich. Er verlangt keinen Sex, er lässt sich darum bitten. Der kleine Sohn hat diesen verständnisvollen Vater gern, der große schämt sich dagegen für ihn und seine Weichheit. Mit zunehmendem Alter vermeidet der Sohn deshalb gemeinsame öffentliche Auftritte mit dem soften Vater.

Viele Männer sind in Bezug auf ihre Rolle verstört. Männlichkeit vorzuleben ist dann schwierig.

Der Gar-nicht-Vater

Der Gar-nicht-Vater lebt seit der Scheidung getrennt von seinen Kindern. Er will nichts mehr mit seinem früheren Familienleben zu tun haben. Deshalb lässt er sich bei seinem Sohn nicht blicken und will auch nicht besucht werden. Er möchte dem Jungen nicht erklären müssen, warum das mit seiner Mutter so gekommen ist. Er glaubt auch, dass der Junge negativ von der Mutter beeinflusst wird. Der Gar-nicht-Vater hatte schon vor der Scheidung ein ziemlich nichts sagendes Verhältnis zu seinem Sohn. Mit ihm zu spielen hat ihn gelangweilt. Dass der Bub ihm irgendwie ähnlich ist, berührt den Gar-nicht-Vater eher unangenehm.

Der Kind-Vater

Der Kind-Vater ist so etwas Ähnliches wie sein Sohn. Er möchte von seiner Frau bemuttert werden. Diese hat also im Grunde zwei Söhne, einen großen und einen kleinen. Der Kind Vater pflegt das »Kind im Manne« mit Hingabe. Seinen Vaterpflichten kommt er relativ oberflächlich nach. Er will sich nicht zu sehr engagieren, sondern er hält den Sohn lieber auf Distanz. Im Grunde hat er nicht begriffen, welche Verantwortung und Aufgabe er mit seiner Vater-

Noch sind Vater und Sohn glücklich im Spiel vereint.

schaft übernommen hat. Bei Spielen mit dem Sohn kann er jedoch seine eigene Kindlichkeit ausleben und krabbelt beispielsweise gern auf allen vieren. Hingebungsvoll kann er mit Legos bauen oder wie ein Auto brummen.

Der noch kleine Sohn liebt ihn wie einen großen Bruder. Wenn er größer wird, macht sich der Sohn Sorgen über das kindische Gebaren seines Vaters. Das entfremdet ihn von der Mutter, die er als Schuldige für dieses Verhalten sieht. Schließlich sinkt der Vater in seiner Achtung.

Der Ämter-Vater

Der Ämter-Vater fühlt sich nicht ausgelastet. Die Familienaufgaben werden bestens von seiner Frau erfüllt, warum sollte er sich da einmischen. Deshalb sucht er nach Feierabend Zerstreuung. Er spielt Tennis, aber noch lieber ist es ihm, wenn er auf der Mitgliederversammlung des Vereins zum Kassierer gewählt wird. Der Ämter-Vater sammelt nicht Briefmarken oder Schmetterlinge, er hortet Ämter. Deshalb tummelt er sich bevorzugt in Parteien und Vereinen, mischt im Stadtparlament mit oder engagiert sich im Pfarrgemeinderat.

Ehrenämter bringen Ruhm und Ehre; Zeit für die eigenen Kinder wird selten mit Lorbeer bedacht.

Der Ämter-Vater ist ein kluger Mann, aber leider dabei ziemlich einfallslos. Er weiß viel und hat sicher viel zu sagen. Doch das lässt seinen Sohn völlig kalt. Der weiß nur, dass Papa später nach Hause kommt und man mit ihm nicht spielen kann. Der Ämter-Vater ist sehr korrekt, mitunter pingelig. Er besteht auf der Einhaltung bestimmter Regeln, legt Wert auf ordentliche Kleidung und ist eher verklemmt.

Sein Sohn fängt an, sich Gedanken zu machen, wenn die anderen Jungen in der Schule erzählen, was sie mit ihrem Vater am letzten Wochenende gemacht haben. Er würde gegenüber seinen Freunden nie gestehen, dass sein Papa sonntags nichts tut und nur sagt, dass er sich erholen muss.

Der bessere Vater

Bewunderung und Respekt seines Sohnes sind dem »besseren Vater« zunächst gewiss.

Der bessere Vater glaubt von sich, dass er besser ist als seine Frau. Er ist auch besser als die meisten anderen Menschen. Er kann alles, weiß alles, macht keine Fehler. Er predigt, dass man aus Fehlern der anderen lernen muss. Deshalb habe er den besseren Fernseher, Computer und Staubsauger. Sein Auto sei besser, sein Urlaubsziel, für nahezu alles findet er Beweise der besseren Art. Dieser Vater versichert seinem Sohn, dass er zwar jetzt noch nicht besser sei, aber später, wenn er groß ist, so sein wird wie sein Vater.
In den Augen seines Sohnes kommt der bessere Vater gleich nach dem lieben Gott. Das Kerlchen blickt zu seinem Vater in den ersten Jahren bewundernd empor. Doch die gewaltige Höhe macht die Person sehr unscharf. Ohne liebenswerte Fehler verliert der Vater im Laufe der Zeit für seinen Sohn an Sympathie. Statt Zuneigung empfindet der Junge gehörigen Respekt. Trotz aller Anstrengungen gelingt es ihm nicht, den Vater zu kopieren, denn der weiß es immer noch besser. Der Sohn bekommt Angst, dass er es niemals schaffen könnte. Da gibt der Vater sein Geheimnis an ihn weiter: Auch wenn es nicht so ist, es reicht schon, so zu tun als ob. Für den Sohn wird dadurch alles noch schwieriger. Was ist an seinem Vater eigentlich echt und was gespielt? Diese Ambivalenz macht den besseren Vater letztlich vor Sohn und Mutter unglaubwürdig.

Ein Papa mit Fehlern und Schwächen ist auf Dauer ein »unheimlich starker Papa«.

Vorbilder mit Verfallsdatum

Wer aufmerksam die Väter in seiner Umgebung analysiert, kann sicher noch ein paar andere Väter-Typen entdecken. Doch auch sie

werden nur teilweise dem Anspruch eines Vorbildes gerecht. Selbstverständlich ist für viele Vierjährige der Vater (noch) ein Leitbild. Und es gibt auch Achtjährige, die ihren Vater für den größten, stärksten und besten Mann halten. Aber nur wenig später gehen viele dieser Jungen an ihren Vätern vorbei, als wären sie Luft.

Wo gibt es männliche Vorbilder?

Wenn schon nicht die meisten Väter für ihre Kinder ein mögliches Vorbild darstellen, so muss es doch irgendwelche anderen »Helden« geben, denen Jungen nacheifern können. Doch im Alltag der Jungen sind Männer, die zum Vorbild werden könnten, eher rar. Männer (und viele Frauen) arbeiten meist hinter verschlossenen Werkstoren oder in Bereichen, zu denen Kinder keinen Zutritt haben. Der Berufsstand, der für die Jungen am deutlichsten sichtbar und zugänglich ist, sind die Lehrer. Sie sind manchmal sogar die einzigen Männer, die im Tagesablauf von Kindern wirklich noch Bedeutung und Einfluss haben. Dabei gibt es, vor allem an den Grundschulen, fast keine männlichen Lehrer, ebenso wie in den Kindergärten kaum Erzieher zu finden sind. Die Lehrerinnen und Erzieherinnen, mögen sie noch so fähig sein und sich noch so intensiv um die Jungen kümmern, bieten für einen Jungen jedoch keine Identifikationsmöglichkeit. Die Jungen weichen dann eher auf Idole aus der Musik- und Sportszene aus.

Bittere Wahrheit ist: Die Väter nehmen sich zu wenig Zeit für ihre Söhne.

Künstliche Figuren wie Batman ersetzen vielen Jungen reale Vorbilder.

Jungen flüchten in die Welt der Fiktion

Die kleinen Figuren sind aus Hartplastik. So hässlich sie auch sein mögen, kleinen Jungen bedeuten sie viel, sie sind für sie gewissermaßen

Übermenschen. Gemeint sind die Turtles, Pokemons, HeMans, Power Rangers und andere imaginäre Persönlichkeiten aus dem Spielzeugladen. Sie sind perfekte Helden, denn mit ihnen siegt immer das Gute über das Böse. Dass das sehr wirklichkeitsfremd ist, stört die Jungen nicht. Die Kraftprotze im Miniformat tun nämlich etwas, was weder Papas, noch Brüder, noch Freunde können: »HeMan und seine Kumpane kämpfen, schlagen, hauen, stechen, boxen, foltern, schießen, durchbohren, zersägen, zwängen ein, walzen platt, zermahlen, überrollen, verstümmeln« (*Helga Kämpf-Jansen, 1989*). Warum aber lassen sich ausschließlich Jungen von Monster-Helden so beeindrucken? Möglicherweise sind sie die coolen männlichen Gegenstücke zu den Barbie-Puppen, die vielen Mädchen als Vorbild dienen. Die Jungen träumen vielleicht davon, so zu sein wie die imaginären Monster, die selbst ausweglose Situationen allein und ohne jede Hilfe meistern. Der seelenlose Plastikheld spricht die Jungen auch noch aufgrund einer anderen Tatsache an: Er zeigt keine Gefühle und spricht wenig. Statt zu reden handelt er – schlägt, zersägt, walzt platt ...

Gleichaltrige oder auch ältere Freunde der Jungen sind selbst noch viel zu unvollkommen, um als Vorbild zu dienen.

Später tauschen die Jungen die Fantasiefiguren gegen andere künstliche Idole aus. Sie entnehmen sie den Videoclips der Musiksender, den Comic-Heftchen, den B-Movies. Dass diese Vorbilder Eltern und Erwachsenen nicht passen, stört die Jungen nicht. Warum sollte es auch, gibt es doch scheinbar keine echte Alternative. Oder etwa doch?

Was Väter tun können

➞ Vermeiden Sie, aufgesetzt vorbildhaft zu sein. Jede Übertreibung bewirkt bei Ihrem Sohn irgendwann das Gegenteil. Je natürlicher Sie sind, umso länger kann er Sie als Vorbild sehen.

➞ Hören Sie auf, den Helden zu spielen, wenn Sie keiner sind. Sagen Sie Ihrem Sohn lieber, dass sie auch manchmal Angst haben.

Und erklären Sie ihm, dass Angst etwas Nützliches und manchmal sogar Lebenswichtiges ist. Wer Angst zeigt, hat viel Mut! Erzählen Sie Ihrem Sohn, wann Sie Angst hatten, als Sie ein Junge waren.

➟ Erklären Sie Ihrem Sohn, dass Jungen und Männer keinesfalls alles allein machen müssen, dass man im Team viel mehr schafft und dass man nicht alles können muss.

➟ Erklären Sie Ihrem Sohn, dass Sie auch mal traurig sind, dass Sie manchmal alles zum Heulen finden und – wie Mädchen und Frauen – auch wirklich weinen.

➟ Erklären Sie ihm, dass es ganz normal ist, Fehler zu machen, und dass auch Sie nicht perfekt sind. Sagen Sie ihm, dass man aus Fehlern lernen kann und dass Fehler manchmal wichtig sein können.

Biedern Sie sich bei Ihrem Sohn nicht als Vorbild an. Er soll sich selbst entscheiden.

➟ Wenn Sie im beruflichen Stress stecken: Suchen Sie ernsthaft nach Lösungen für den Stressabbau. Wenn es Ihnen allein nicht gelingt, bitten Sie einfach Freunde oder Kollegen um Hilfe.

Was Mütter tun können

Wenn Ihr Sohn fragwürdige Vorbilder hat, sollten Sie sich zunächst einmal fragen, warum das so ist. Ist es eine Mode, die andere Jungen seines Alters mit ihm teilen, dann müssen Sie nicht unbedingt etwas unternehmen. Moden wechseln schnell. Hält Ihr Sohn dagegen an den Vorbildern fest, sollten Sie überprüfen, ob Ihre Abneigung gegen seine Idole berechtigt ist oder nur auf einem Vorurteil basiert.

Vorurteile entspringen bei Müttern oft einem intuitiven Gefühl. Nach einer Begründung gefragt, ringen sie meist nach konkreten Argumenten. Damit ist kein Werturteil über die Intuition getroffen, eine Mutter kann mit ihrem Gefühl durchaus richtig liegen. Oftmals gibt die folgende Entwicklung ihren Befürchtungen sogar Recht. Bei heranwachsenden Jungen löst jedoch eine schlecht zu

begründende Meinung Unverständnis aus. Sie halten die Mutter in dieser Situation für »kompetenzlos« oder »voll daneben«. Mütter sollten ihre Abneigung also mit stichhaltigen Argumenten ausstatten.

➟ Wenn Sie der Überzeugung sind, dass Ihre Abneigung wirklich berechtigt ist: Verschaffen Sie sich gründliche, weitere Informationen über sein Idol. Die meisten Jungen haben einen stark ausgeprägten Gerechtigkeitssinn. Wenn sie entdecken, dass ihr Idol unrecht gehandelt hat, werden sie nachdenklich. Doch Vorsicht: Geben Sie die Informationen keinesfalls selbst weiter und drücken Sie Ihrem Sohn auch keine schriftlichen Beweise dafür in die Hand. Er sollte selbst darauf stoßen. Ihrem Geschick bleibt es überlassen, sie so zu platzieren, dass er sie finden kann.

Wenn Sie die Wahl der Vorbilder Ihres Sohnes beunruhigt, setzen Sie sich offen mit ihnen auseinander!

➟ Sprechen Sie unbedingt mit dem Vater ihres Sohnes über die fragwürdigen Vorbilder. Wenn das nicht möglich ist, bitten Sie einen Mann Ihres Vertrauens, Ihnen zu helfen. Es sollte allerdings jemand sein, der Ihrem Sohn sympathisch ist. Bitten Sie den Vater oder den Vertrauten, mit Ihrem Sohn über sein Vorbild zu reden. Aber auch für ihn gilt: Zunächst keine Kritik an der Wahl des Idols aufgrund von vagen Vorurteilen. Wenn Sie dann wissen, warum Ihr Sohn gerade dieses Vorbild gewählt hat, fällt es Ihnen sicher nicht schwer, sein Interesse auf ähnliche, aber Ihnen tatsächlich besser erscheinende Vorbilder zu lenken.

Was heute in der ganzen Klasse hip ist, kann morgen schon »völlig uncool« sein.

➟ Versuchen Sie nicht, Ihrem Sohn (männliche) Vorbilder auszureden, die Ihnen nicht gefallen. Seine Idole kann frau nicht »einfach so« schlecht machen. Selbst wenn Sie dabei triftige Gründe anführen, wird Ihr Sohn Ihnen voraussichtlich nicht glauben – Sie sind eben eine Frau.

Der große kleine Unterschied

Aus dem vorangegangenen Kapitel lässt sich ableiten, dass Jungen und Mädchen nicht mit demselben Maßstab gemessen werden können. In diesem Kapitel erfahren Sie, warum dies so ist. So entwickeln sich beispielsweise die beiden Gehirnhälften schon im Mutterleib bei Mädchen etwas anders als bei Jungen. Dies hängt mit dem männlichen Sexualhormon Testosteron zusammen. Daraus wiederum folgt unter anderem der unterschiedliche Umgang mit Gefühlen und Aggressionen, den wir bei Jungen und Mädchen beobachten können.

Geschlechtsspezifische Extras oder Handicaps?

Das Hormon Testosteron – nicht nur die körperliche Entwicklung steht unter seinem Einfluss, sondern auch, wie wir denken und fühlen.

Die wohl auffälligsten Unterschiede zwischen Jungen und Mädchen sind folgende: Jungen haben mehr Muskeln, Mädchen mehr Fettgewebe. Jungen sind körperlich aktiver als Mädchen und sind ihnen sprachlich unterlegen. Das Blut von Jungen enthält mehr rote Blutkörperchen als das von Mädchen. Das sind allgemein gültige Tatsachen, auch wenn sie nicht auf jeden Jungen bzw. jedes Mädchen zutreffen, denn es gibt immer Ausnahmen. Manche Mädchen verhalten sich wie Jungen, und nicht wenige Jungen haben Eigenarten, die mehr an Mädchen erinnern. Trotzdem ist erkennbar, dass es einen ganz bestimmten Jungentypus gibt, dem viele Jungen mehr oder weniger ausgeprägt entsprechen. Bei den Mädchen lässt sich ebenfalls ein solcher Typus ausmachen.

Tatsache ist auch: Jungen sind anders als Mädchen. Noch vor 20 Jahren hätten Verfechter dieser offensichtlichen Tatsache im Hagel des feministischen, aber auch wissenschaftlichen Protests kleinlaut beigegeben. Damals war man überzeugt davon, dass Mädchen und Jungen sich in ihrem Verhalten nicht unterschiedlich entwickeln würden, wenn man sie nur unter gleichen Bedingungen aufwachsen ließe. Heute wird dagegen schon ernsthaft diskutiert, ob nicht aus den so offensichtlichen Unterschieden ernsthafte Konsequenzen gezogen werden müssen. Doch das ist gar nicht so einfach, denn die Gleichbehandlung von Mädchen und Jungen wurde in den letzten drei Jahrzehnten als die einzig richtige Erziehungsmethode propagiert. Das bedeutet aber, dass eine Änderung der Jungenerziehung in den öffentlichen Bereichen, also in Kindergärten und Schulen, zu ernsthaften Problemen und Schwierigkeiten führen würde. Denn dort ist man noch immer in erster Linie damit beschäftigt, Mädchen und Jungen durch erzieherische Maßnahmen »gleichzustellen«.

Warum sind Jungen anders?

Jungen haben einen anderen Körperbau als Mädchen, das kann jeder ohne weiteres sehen. Nicht sichtbar hingegen ist, dass auch ihr Gehirn sich von dem der Mädchen unterscheidet. Und dass es anders funktioniert. Das heißt aber nicht, dass Jungen deshalb weniger oder mehr intelligent wären. Ihr Gehirn ist lediglich anders geschaltet. Wer Jungen und Mädchen, ganz gleich welchen Alters, beim Spielen beobachtet, bemerkt schnell, dass Jungen sich anders als Mädchen verhalten: Kommen beispielsweise mehrere Jungen ohne einen Erwachsenen zusammen, bilden sich rasch Gruppen, in denen es eine strenge hierarchische Struktur gibt. Mädchen kommen dagegen weitgehend ohne diese Führerfunktion aus. Jungen bevorzugen in der Regel klare Anweisungen einer Autorität, während Mädchen auf gleichberechtigter Ebene miteinander umgehen können.

Kleine »Kämpfchen« und Imponiergehabe wird man bei Mädchen kaum beobachten.

Die Sache mit den Gehirnhälften

Wir wissen heute aus wissenschaftlichen Untersuchungen, dass bereits drei Monate vor der Geburt das Gehirn eines Kindes so gut entwickelt ist, dass es Geräusche wahrnehmen, ja sogar Stimmen voneinander unterscheiden kann. Trotzdem ist das Gehirn bei der Geburt längst noch nicht fertig. Dieser Entwicklungs- und Reifeprozess zieht sich bis weit in die Pubertät hinein – und er verläuft bei Mädchen und Jungen unterschiedlich.

Schon im Mutterleib sind geschlechtsspezifische Unterschiede vorhanden. Die gravierendste Abweichung wurde bei der linken Gehirnhälfte (bei Linkshändern meist die rechte) registriert. Sie wächst generell langsamer als die rechte Gehirnhälfte, bei Jungen jedoch noch erheblich langsamer als bei Mädchen. Verantwortlich dafür ist das männliche Sexualhormon Testosteron, das bei den Jungen für die Ausbildung von Penis und Hoden sorgt und gleichzeitig das Wachstum der linken Gehirnhälfte hemmt.

Testosteron ist ein wichtiges Hormon der männlichen Keimdrüsen.

»Penis-mit-12-Kinder«

Eine Erziehung zum Mädchen kann typisches Jungenverhalten nicht ändern, das zeigt folgendes Phänomen: Durch eine Erbkrankheit fehlt in einem Dorf in der Dominikanischen Republik einigen Jungen ein Enzym, das aus dem Sexualhormon Testosteron Dihydro-Testosteron erzeugt. So kann das Testosteron nicht seine volle Wirkung entfalten, und diese Jungen entwickeln nicht wie normale Jungen ihren Penis und Hoden in der pränatalen Phase, sondern erst in der Pubertät. Sie werden deshalb »Penis-mit-12-Kinder« genannt. Diese Jungen werden zum Teil wie Mädchen erzogen. Doch nach der Pubertät verhalten sie sich genau wie Jungen, die »männlich« erzogen wurden.

Die Aufgaben der Gehirnhälften

Unsere beiden Gehirnhälften haben verschiedene Funktionen. Die rechte Hälfte ist bei Rechtshändern (bei Linkshändern ist es die linke Hälfte) unter anderem für die Bewegungen, das Handeln, das Gleichgewicht, das Sehen, die Positionserkennung und Gefühle zuständig, die linke (bei Linkshändern die rechte) koordiniert beispielsweise das Sprechen. Damit die Gehirnhälften nicht »aneinander vorbei denken« oder womöglich verschiedene Befehle produzieren, sind sie durch ein dickes Nervenbündel, ähnlich einem Bündel Telefonkabel, den so genannten Balken, verbunden. Das Gehirn von Jungen hat jedoch einen erheblich dünneren Balken als das von Mädchen. Bei Mädchen sind also viel mehr Gehirnzellen beider Hälften miteinander verbunden als bei Jungen.

Stellt man Jungen und Mädchen die gleiche Mathematikaufgabe, dann ist die Trefferquote für die richtige Lösung bei Jungen 13-mal höher als bei Mädchen.

Ursache für die unterschiedliche Vernetzung der Gehirnhälften ist das wesentlich langsamere Wachstum der linken Hälfte (bei Rechtshändern) bei Jungen. Die besser entwickelte Hälfte versucht sich durch Nervenfasern mit der langsamer wachsenden zu verbinden. Doch die ist in der Regel noch gar nicht so weit. Die Nervenfasern verbinden sich deshalb mit Zellen der eigenen Hälfte.

In der Konsequenz heißt das: Die beiden Gehirnhälften von Jungen sind weniger gut miteinander vernetzt, die Zellen der rechten Gehirnhälfte dagegen hervorragend. Mädchen dagegen haben sehr stark verbundene Gehirnhälften, jedoch nur mäßig vernetzte Zellen in der rechten Hälfte. Bei bestimmten Aufgaben, zum Beispiel dem Erlernen von Sprachen, setzen Mädchen dank der Vernetzung gleichzeitig beide Gehirnhälften in Aktion. Sie erledigen ihre Denkarbeit sozusagen komplex. Jungen dagegen bewältigen diese Aufgabe nur mit »halber Kraft«, die Gehirnhälften arbeiten im ungünstigsten Fall getrennt voneinander. Dies kann jedoch auch Vorteile haben: So sind Jungen bei mathemati-

schen Überlegungen deutlich besser als Mädchen, denn bei Rechenaufgaben wird die rechte Gehirnhälfte mehr gefordert.

Jungen reden nicht, sie handeln

Jungen (und auch Männer) haben außerdem sehr häufig Schwierigkeiten damit, ihre Gefühle in Sprache zu übersetzen. Denn dazu müssen sie ja die andere, die linke Gehirnhälfte bemühen. Weil das möglicherweise wegen fehlender oder nur spärlich vorhandener Querverbindungen sehr mühsam ist, kommt ihnen die rechte Gehirnhälfte mit einer anderen Lösung entgegen: Sie drückt das Gefühl nonverbal, also körperlich aus. Es funktioniert einfach besser, die Gefühlsregung in Handlungen umzusetzen, denn das schafft die gut vernetzte Gehirnhälfte hervorragend allein, vor allem aber schnell. Dieser Mechanismus ist eine mögliche Erklärung dafür, warum viele Jungen (und auch Männer) lieber handeln als reden.

Evolutionsbedingte Ursachen?

Über die Ursachen der verzögerten Gehirnentwicklung kann nur spekuliert werden. Weil sie genetisch vorprogrammiert ist, hat sie sicher auch evolutionsbedingte Gründe. Einer der Vorteile der in sich vernetzten männlichen Gehirnhälfte ist ihre Fähigkeit zu schnellen Entscheidungen – was in Gefahrensituationen sehr wichtig sein kann. Müsste beim Angriff durch einen Feind das Gehirn eines verteidigenden Soldaten abwägen, dass der Angreifer möglicherweise Kinder hat, die mit seinem Tod zu Waisen werden, dann könnte dieser soziale Aspekt von Mitleid oder Fürsorge die Verteidigungsbereitschaft verzögern oder lähmen und zum Nachteil für die eigene Familie geraten.

Die schnelle Handlungsbereitschaft hat aber auch gute Seiten: Wo immer sich ein Problem stellt, das durch konkretes Handeln gelöst werden kann, haben Jungen und Männer den Drang, es zu lösen. Und in vielen Fällen sind sie mit ihrer Vorgehensweise erfolgreich.

Wenn wir den Jungen beim Sprechenlernen helfen, können sie sich später besser ausdrücken. Dadurch stehen sie nicht mehr hinter den Mädchen zurück.

Wie man das Sprechen bei Jungen fördert

Wann das Sprachzentrum des Mädchengehirns ausgebaut wird, ob vor oder nach der Geburt, ist noch nicht erforscht. Es ist auch nach wie vor unklar, ob es von allein oder durch Training wächst. Wir wissen jedoch: Mädchen lernen häufig früher sprechen als Jungen. Deshalb sollten Sie schon im Säuglingsalter Ihres Sohnes eine Menge tun, um ihm den Spracherwerb zu erleichtern. Denn je älter er wird, umso schwieriger wird das Sprechenlernen für ihn.

➞ Sprechen Sie so viel wie möglich mit Ihrem Sohn. Wann immer er wach ist, reden Sie. Er muss Sie dabei gar nicht unbedingt sehen. Das Sprechen signalisiert Ihrem Kind, dass Sie da sind, auch wenn es Sie nicht sieht. Ihr Sprechen animiert es auch zur Nachahmung, es möchte gern selbst diese Geräusche herstellen.

➞ Hören Sie in der Phase der ersten Lautbildung gut zu, was Ihr kleiner Sohn zu sagen hat. Möglicherweise ist das zunächst unverständliche Geplappere bereits eine konkrete Bezeichnung von Gegenständen, die das Kind sieht, also eine Mitteilung. Meist bezieht es sich auf bewegte Gegenstände oder Dinge, die sich in unmittelbarer Nähe des Kindes befinden. Wenn Sie dieses Erkennen und Benennen in der Babysprache bestätigen, zugleich aber dazu die korrekte Bezeichnung anfügen, wird Ihr Sohn im Laufe der Zeit lernen, Wortgruppen zu bilden. Wenn also das Kind »Miau« für Katze sagt, wiederholen Sie

»Auch wenn es nicht leicht war, selbst Dein Papa hat das Reden gelernt!«

Sinnvoll: zweisprachige Erziehung

Die Einrichtung des Sprachzentrums in der linken Gehirnhälfte erfolgt etwa bis zum achten Lebensjahr. Alles, was das Kind bis dahin lernt, wird ohne große Anstrengung erlernt. Nach dem achten Lebensjahr wird mit zunehmendem Alter der Spracherwerb immer schwieriger. Das Training von Vokabeln bedarf später großer Disziplin und Konzentration. Deshalb ist eine zweisprachige Erziehung in den ersten Lebensjahren für die meisten Kinder keine besondere Anstrengung.

das Babywort als Bestätigung und fügen Sie »Katze« hinzu. Schon bald wird Ihr Sohn nur noch Katze sagen. Wenn Sie dazu auch den Namen des Tieres sagen, z.B. »Samson«, wird Ihr Junge das Tier bald beim Namen nennen. Erweitern Sie das Wortgefüge mit neuen Wörtern zu kleinen Sätzen wie »die Katze heißt Samson«, und Ihr Junge wird versuchen, es Ihnen nachzumachen.

Lassen Sie kein Schweigen aufkommen, wenn Sie mit Ihrem Sohn zusammen sind. Reden Sie mit ihm.

➟ Gehen Sie auf Ihren Sohn ein. Wann und wo immer er »da« sagt, sollten Sie den richtigen Namen nennen. Zeigt er auf einen Stuhl, können Sie etwa sagen: »Ja, das ist ein Stuhl.« Und nach einer kurzen Pause: »Komm, wir setzen uns auf den Stuhl.«

➟ Wenn das Kind nicht von allein fragt und sich für die Bedeutung der Dinge um ihn herum nicht selbst interessiert, dann fragen Sie ihn: »Was ist das?« und geben ihm die Erklärung dazu. Passen Sie Ihren Frage- und Erläuterungskatalog aber immer der geistigen Entwicklung Ihres Sohnes an.

➟ Wenn Ihr Sohn trotz aller Förderungsbemühungen gegenüber anderen Jungen erhebliche sprachliche Defizite aufweist, sollten Sie Experten befragen. Logopäden können schnell herausfinden, woran dies liegt, und helfen.

Der Umgang mit Gefühlen

Je größer der Wortschatz eines Kindes ist, umso mehr und differenzierter kann es benennen und umso zielgerichteter und erfolgreicher ist dann sein Hinweis.

Die Sprache ist unser wichtigstes Instrument, um Empfindungen und Gefühle differenziert auszudrücken. Wenn Babys Schmerzen haben oder sich unwohl fühlen, können sie dies zunächst nur durch Schreien und Weinen kundtun. Diese Gefühlsäußerungen sind jedoch für die Eltern nicht unbedingt eindeutig, sie können auch als Hunger, Müdigkeit, Langeweile oder Sehnsucht nach Geborgenheit und Wärme interpretiert werden. Erst wenn die Kinder sprechen lernen, wird die Verständigung eindeutiger.

Für Männer ist es häufig schwieriger als für Frauen, über ihre Gefühle zu sprechen. Die Ursachen für diese »Schwäche« liegt möglicherweise in den fehlenden Querverbindungen der beiden Gehirnhälften. Mangels dieser Verbindung kann der Gefühlsimpuls nicht oder nur schwer in verständliche Sprache übersetzt werden.

Also denken Sie daran: Je früher die durch das Testosteron im Wachstum gehemmte Hirnhälfte durch ständige Anforderung, also Übung, in ihrer Entwicklung gefördert wird, umso mehr Querverbindungen können später entstehen. Und je älter ein Mensch wird, umso schwerer fällt es ihm, im Gehirn vorhandene Querverbindungen umzustrukturieren. Dem Sprachtraining in den ersten Lebensjahren kommt also eine entscheidende Bedeutung zu.

Gefühle wahrnehmen und mitteilen

Um Ihren Sohn in Sachen Gefühl zu sensibilisieren, müssen Sie über Ihre eigenen Gefühle Auskunft geben können, und möglichst nicht nur, wenn er Sie danach fragt. In vielen alltäglichen Bereichen spielen Gefühle aber nur eine Nebenrolle. Ein Beispiel: Wenn ein Kind sich beispielsweise »irgendwie« schlecht fühlt oder traurig ist, muss es trotzdem zur Schule. Wer dagegen krank ist

(das ist kein Gefühl, sondern ein feststellbarer Zustand, bei dem man sich schlecht fühlt), »darf« zu Hause bleiben. Das liegt u.a. daran, dass die Gefühle in ihrer Bedeutung immer noch unterschätzt werden, aber auch daran, dass sie sehr subjektiv sind, also von jedem Menschen anders oder gar nicht wahrgenommen werden können. Zudem ist es nicht üblich, offen über seine Gefühle zu reden. Eine weitere Schwelle besteht zwischen Männern und Frauen. Männer können gegenüber Frauen weniger differenziert über ihre Gefühle sprechen. Sie glauben auch vielfach, dass sie sich mit Gefühlen auf weibliches Terrain begeben oder zu Intimes preisgeben. Dieser Mechanismus kann konkret nur dann unterbrochen werden, wenn Gefühle im Alltag einer Familie einen anderen Stellenwert bekommen, also ernst genommen werden.

Gefühle sind nicht nur Frauensache. Wer formulieren kann, was er empfindet, wird besser verstanden.

So sensibilisieren Sie Ihr Kind für seine Gefühle

Babys und Kleinkinder

➟ Reagieren Sie auf Gefühlsregungen wie Schmerz, Traurigkeit mit liebevoller Zuneigung, die Sie körperlich ausdrücken. Wenn Sie das kleine Kind tröstend an sich drücken, spürt es Ihre Wärme, es fühlt sich geborgen. Das können auch Väter!

➟ Wenn Ihr Kind lacht und vor Freude gluckst, lachen Sie mit ihm und signalisieren Sie ihm, dass Sie sich mit ihm freuen. Daraus kann ein schönes Spiel werden, wenn Sie es nachahmen.

➟ Registrieren Sie bestimmte ausdrucksvolle Gesten und Bewegungen nicht nur – beispielsweise ein freudiges In-die-Hände-Klatschen –, sondern zeigen Sie durch eigene Mimik, Gestik oder Bewegungen, dass Sie diese Gefühls-

Mit Mimik und Gestik zu spielen, ist offensichtlich für beide Teile ein Vergnügen!

sprache verstanden haben. Werden von Ihrem Kind dazu bestimmte Laute geäußert, machen Sie sie nach.

➞ Zeigen Sie Ihrem Kind, wenn Sie traurig, verstimmt oder glücklich sind. Nehmen Sie es z. B. auf den Arm, und tanzen Sie mit ihm durch die Wohnung, wenn es Ihnen gut geht. Dann wird es körperlich ein ähnlich beschwingtes Gefühl verspüren wie Sie.

➞ Weinen Sie, wenn Sie traurig sind.

➞ Singen Sie, wenn Sie gute Laune haben und wenn Ihnen danach ist. Ihr Kind wird vielleicht durch Ihre Stimmung angesteckt.

➞ Spielen Sie das Mimikspiel. Machen Sie alle möglichen Gesichtsausdrücke vor: Zeigen Sie Freude, Trauer, Niedergeschlagenheit, Erschöpfung, Anstrengung usw. durch typische Mimik, und kündigen Sie durch Sprechen an, was es jeweils bedeutet: »Jetzt bin ich fröhlich«, »Jetzt bin ich traurig« ...

➞ Studieren Sie mit Ihrem Kind verschiedene Körpergefühle ein: sanftes Kitzeln, heftigeres Kitzeln, Streicheln, Massieren, auch Kneifen, Kratzen und Drücken (selbstverständlich nur bis zur Schmerzgrenze).

➞ Wechseln Sie nun die Rollen. Lassen Sie das Kind nachmachen, was Sie bei ihm gemacht haben. So bekommen Sie zu spüren, was es aus der Fühl-und-Spür-Übung gelernt hat.

Gefühle, angenehme wie unangenehme, mit den Eltern teilen zu können, gehört zu den zentralen Erfahrungen der Kindheit.

Wenn Ihr Kind schon sprechen kann

➞ Fragen Sie Ihr Kind danach, wie es sich fühlt. Auch wenn es darauf meist stereotyp mit »gut« antwortet, sollten Sie dieses Interesse an seinem Befinden beibehalten.

➞ Schaut Ihr Kind bekümmert drein oder weint es, fragen Sie nicht gleich, was passiert ist. Nehmen Sie es erst einmal in den Arm, streicheln Sie seine Hand oder sei-

nen Arm. Verlangen Sie nicht, dass es aufhören soll zu weinen. Hören Sie auch bei längeren Geschichten aufmerksam zu. Geben Sie keine belanglosen Kommentare ab wie: »Das wird schon wieder«, »Nimm's nicht so tragisch«, »Kopf hoch«, »Indianer (Männer) weinen nicht« usw. Diese zwar gut gemeinten, aber unverbindlichen Zusprüche signalisieren Ihrem Kind nur, dass Sie seine Gefühle nicht nachempfinden können oder seine Situation nicht verstehen wollen. Es hat das Gefühl, nicht ernst genommen zu werden. Formulieren Sie aus der Erzählung des Kindes eine kommentierende Empfindung wie: »Das finde ich aber ungerecht«, »Das tat dir bestimmt weh«, »Das hat dich ganz schön verletzt«. Fragen Sie nach, was Ihr Sohn in Zukunft dagegen tun möchte. Besprechen Sie mit ihm, welches Verhalten für ihn und eventuell andere beteiligte Kinder angemessen ist. Treffen Sie eine Abmachung, dass Sie zusammenhalten werden, was auch passiert.

Ihr Kind sollte die Gewissheit haben, dass Sie es verstehen und dass es Ihnen vertrauen kann.

- Wenn Ihr Kind sich über ein Gefühl unbeholfen äußert, lachen Sie niemals darüber, auch wenn es noch so komisch klingt.
- Wenn Ihr Kind vor irgendetwas Angst hat, tun Sie dieses Gefühl nicht einfach ab, auch wenn die Angst Ihrer Einschätzung nach unbegründet ist. Angst ist ein wirksamer Schutzmechanismus. Aufforderungen zur Unterdrückung von Angstgefühlen können deshalb tragische Folgen haben.
- Als Vater sollten Sie Ihrem Kind immer wieder einmal erzählen, wo und wann Sie Angst hatten oder haben. Es wird Sie verstehen.

Was Testosteron aus Jungen macht

Wussten Sie, dass Jungen schon als Babys eine Erektion haben können? Das ist weder »Mütterlatein« noch eine wissenschaftliche Sensation. Diese kleinen Jungen haben nur etwas zu viel von einem Hormon, dem schon erwähnten Testosteron. Es ist das wichtigste männliche Geschlechtshormon. Testosteron ist u.a. zuständig für die Stimulierung des Knochen- und Muskelwachstums, für die Entwicklung der Geschlechtsorgane sowie der sekundären Geschlechtsmerkmale wie Stimmbruch, Bartwuchs oder Schamhaare. Und es ist verantwortlich für manche »männliche« Verhaltensweise. Aber warum haben einige Neugeborene zu viel davon?

Ein Junge ist im Mutterleib nicht von Anfang an ein Junge. Sieben Wochen lang entwickelt sich auch der männliche Fötus wie ein Mädchen, er ist sozusagen ein Zwitter. Erst in der achten Schwangerschaftswoche kommen die Y-Chromosomen hinzu und regen damit die Entwicklung aller männlichen Merkmale an. Zunächst bringt dieses Chromosom die Produktion von Testosteron in Gang, dann wird der »kleine Unterschied« installiert: Aus dem Geschlechtshöcker entwickelt sich der Penis, aus den Keimwülsten werden die Hoden. Beim Mädchen entsteht aus dem Geschlechtshöcker die Klitoris und aus den Keimwülsten bilden sich die Schamlippen. Mit den Hoden verfügt der Fötus über ein Organ, mit dem er selbst Testosteron in üppigen Mengen herstellen kann. Damit wird dann die Entwicklung zum Jungen vollendet. Die auf Hochtouren laufende Testosteronproduktion des Ungeborenen hat nur einen Sinn: Der kleine Mann soll möglichst perfekt »ausgestattet« auf die Welt kommen. Und die Natur nimmt dabei gern in Kauf, dass sie dabei mitunter etwas über das Ziel hinausschießt.

Zur Entwicklung männlichen Sexualverhaltens muss ein Minimum Testosteron vor und nach der Geburt vorhanden sein.

Schwankungen des Testosteronspiegels

Neugeborene haben etwa so viel Testosteron im Blut wie Jungen im vorpubertären Alter. Doch wenige Monate nach der Geburt ist der Testosteronüberschuss verschwunden, der Testosteronspiegel hat sich normalisiert und es treten auch keine Erektionen mehr auf. Bis zum dritten Lebensjahr spielt das Testosteron keine wichtige Rolle mehr. Die kleinen Buben zeigen auch im Verhalten ge-

genüber Mädchen keine großen Unterschiede. Sie sind häufig sogar eher schüchterner, ängstlicher, zurückhaltender.
Ein Jahr später ist alles ganz anders. Es kann wieder zu unbeabsichtigten Erektionen kommen, beispielsweise wenn der Kleine in der Badewanne mit seinem Glied spielt. Doch auffälliger ist: Aus dem ruhigen Jungen wird ein lautstarkes und aktives Hänschenklein, das mutig nach Abenteuern und Grenzen sucht und auch schon mal handgreiflich wird. Sogar aggressiv kann das kleine Kerlchen werden, sehr zum Ärger von Kindergärtnerinnen und betroffenen Eltern. Verantwortlich dafür ist weder das vererbte Wesen des Vaters noch eine schlechte Erziehung oder der Umgang mit den Kumpanen im Kindergarten, sondern schlichtweg ein wissenschaftlich unerklärbarer Anstieg des Testosterons. Mit fünf bis sechs Jahren ist der Spuk dann plötzlich wieder vorbei, und der Junge ist wieder fast so brav wie ein Mädchen (für die

So wirkt Testosteron bei Jungen und Männern

Testosteron ist zuständig für das Wachstum von Muskeln und Knochen. Es lässt in der Pubertät den Körper in die Länge schießen und initiiert den Stimmbruch sowie das Wachstum von Scham- und Barthaaren. Zu viel Testosteron lässt die Kopfhaare ausfallen, sorgt aber später für den Wuchs von Haaren in Nase und Ohren. Das Hormon beeinflusst auch das Verhalten: Je mehr Testosteron im Blut ist, desto wilder werden die Aggressionen und desto intensiver ist der Sexualdrang.
Ein hoher Testosteronspiegel führt auch dazu, dass Jungen und Männer Mädchen und Frauen anziehender finden. Der Testosteronspiegel steigt bei Männern und Jungen um das Doppelte an, wenn sie Duftstoffe (Pheromone) aus dem Vaginalsekret »riechen«, die Frauen und Mädchen am Tag ihres Eisprungs absondern.

er sich überhaupt nicht interessiert). Allerdings nur fast: Denn die Vorliebe für eine große Klappe, körperliche Aktivität und die Lust an Abenteuern und Streichen behalten die meisten Jungen. Hin und wieder gibt es auch Aggressionsattacken. Das Testosteron verhält sich jedoch sonst relativ unauffällig.

Vom Jungen zum Mann

So lange, bis mit etwa 13 Jahren – häufig auch früher – der Testosteronspiegel plötzlich gewaltig in die Höhe klettert. Die Pubertät ist da! Arme und Beine werden endlos lang, die Stimme verändert sich. Mit seinen Freunden treibt der Junge wilde und noch wildere Spiele, er ist ruhelos und chaotisch, sein Zimmer ähnelt von Tag zu Tag mehr einer Abstellkammer.

Jungen werden von früher Kindheit an vom Testosteron gesteuert.

Im 14. Lebensjahr ist das Hormon dann mehr als reichlich vorhanden. Aus Hänschen wird allmählich Hans, neben den Pickeln sprießen auch die Barthaare, von den Schamhaaren ganz zu schweigen. Der Stimmbruch ist da und Hans, der als Hänschen partout nichts von Mädchen wissen wollte, findet schon mal das eine oder andere Wort der Anerkennung für die Weiblichkeit. Nicht ohne mitunter dabei Zustimmung aus dem Lendenbereich zu spüren, zwar noch diffus, aber immerhin vorhanden. Da regt sich etwas – manchmal sogar unübersehbar.

Es wird noch eine ganze Reihe von Jahren dauern, bis sich der junge Mann mit seinen Regungen, Wallungen und Reaktionen wie Erektionen auskennt und gelernt hat, sich zu kontrollieren. Doch dann kann er sich auch tatsächlich kontrollieren. Das Testosteron ist zwar immer noch reichlich vorhanden und bleibt ihm auch bis über die 40-Jahre-Grenze treu. Es schürt seinen Ehrgeiz gegenüber Konkurrenten, ermutigt ihn zu Spontaneität und Engagement, unterstützt seine Kreativität und ist für seinen Beschützerinstinkt gegenüber dem anderen Geschlecht verantwortlich.

Weniger Testosteron im Blut würde aus dem beschriebenen Jungen und jungen Mann einen ganz anderen machen. Mehr Testosteron allerdings auch.

Die Funktion der Aggression

Wenn ein kleiner Junge mit anderen Kindern spielt, kann es vorkommen, dass der Junge scheinbar ohne ersichtlichen Grund ausrastet. Er schlägt dann vielleicht plötzlich auf seine Spielkameraden ein, benutzt unfair Fäuste und Gegenstände, um sein Opfer zu attackieren. Die Mütter der Täter sind dann ebenso entsetzt wie die Mütter der Opfer. Denn wenige Augenblicke zuvor war doch alles noch ganz friedlich. In solchen Situationen ist es hilfreich, sich klarzumachen, was da im Sandkasten wirklich passiert ist. Der kleine Junge, der so unvermittelt aggressiv wird, hat vermutlich gerade zu viel Testosteron im Körper, dem er ziemlich hilflos ausgesetzt ist. Denn der kleine Kerl hat seinen Körper noch nicht so gut unter Kontrolle wie normale erwachsene Männer. Das gilt auch für Jungen, die im Raufboldalter, etwa ab dem zehnten Lebensjahr, immer wieder Aggressionsattacken erleben, die für Blessuren und blaue Flecke verantwortlich sind. Dahinter steckt immer das männliche Hormon, das dafür sorgt, die Rang- und Wettbewerbsordnung regelmäßig in Frage zu stellen.

Weil der Testosteronspiegel von Mann zu Mann unterschiedlich ist, können die angegebenen Beschreibungen nur Anhaltspunkte sein.

Ein notwendiger Wettbewerb

Die moderne Psychologie hält diese gelegentliche bis regelmäßige Überprüfung der Hackordnung für unbedingt notwendig. Denn erst dadurch erhalten Gruppen verschiedenster Art ihre Funktionstüchtigkeit. Was die Jungen mit Fäusten, Füßen und leider immer häufiger auch mit Waffen austragen, ist im Grunde nur ei-

ne primitive Entsprechung des Wettbewerbs, den sich erwachsene Männer (und auch immer mehr Frauen) im Berufsleben liefern. Freilich findet dieser Wettbewerb auf anderer Ebene statt und ist gesellschaftlich anerkannt, ja sogar erwünscht.
Je nachdem, in welchen Bereichen das Kräftemessen ausgetragen wird, ist es mehr oder weniger harmlos: In privaten Beziehungen wird teilweise mit ziemlich harten Bandagen gekämpft. Im Berufsleben und der Wirtschaft findet der Wettbewerb ganz legal mit voller Härte statt. Und in der Politik, bei Wahlen, findet niemand etwas dabei, vom »Wahlkampf« zu sprechen, der mitunter in regelrechte verbale Schlammschlachten ausartet.

Das Kämpfen üben

Doch zurück zu den raufenden, prügelnden Schuljungen, die sich wegen nichtiger Anlässe in die Haare geraten, sich nach dem

Von wegen Frieden

Die modernen Kriege werden im Berufsleben ausgetragen: Die Manager und Mitarbeiter – und damit auch Väter und Mütter – in den großen und kleinen Wirtschaftsunternehmen stehen so hart im Wettbewerb, dass sie sich die Sprache der Militärs zu Eigen gemacht haben. Es gibt Werbestrategien und taktische Manöver, takeovers (Übernahmen) und hostile takeovers (feindliche Übernahmen), Ablenkungsmanöver, Industriespionage, Gegner, Preisschlachten, Vorstöße, Besetzungen, Verbündete, Headhunter (Kopfjäger), Stoßrichtungen, make a killing (einen besonders guten Spekulationsgewinn einstreichen). Und dass dieser ständige Kreislauf von Erfolgen, Niederlagen und Herausforderungen sich auch auf das Denken und Gefühlsleben der Betroffenen auswirkt, braucht niemanden zu wundern.

Kampf an nichts mehr erinnern und schon am nächsten Tag wieder dicke Freunde sein können. Oder die den anderen »einfach blöd« finden, tatsächlich aber nur ein Ventil für aufgestaute Aktivität suchen. Da bekommt ein anderer Junge schnell mal ein paar Schläge, sozusagen zum Ausgleich dafür, dass der Täter selbst in der Schule ständig still sitzen muss.

Diese Jungen üben den Sieg, aber auch das Verlieren. Sie konditionieren ihren Mut, aber auch ihre Angst. Und weil das nicht auf Anhieb gelingt und es immer Stärkere und Bessere gibt, müssen sie ihre Kräfte immer wieder erneut messen. Denn sie wachsen, werden mit jedem Kampf kräftiger und geschickter und lernen aus Niederlagen wie aus Siegen. Die kleinen Schlachten und Scharmützel der kleinen Jungs wie der Halbwüchsigen sind im Grunde erste Initiationsriten der Männlichkeit. Bevor aus einem Jungen ein Mann wird, muss er viele dieser Männlichkeitsrituale bestehen. So will es die Gesellschaft.

Aggressionen sind nicht typisch männlich, es gibt sie überall in der Natur. Demzufolge sind auch Mädchen aggressiv, jedoch in geringerem Maß als Jungen.

Aggressionen sind also natürlich und auch notwendig. Problematisch wird es jedoch, wenn Kinder und Heranwachsende eine gewalttätige Haltung entwickeln. Um dies zu verhindern, ist es einerseits wichtig, angemessen mit den vorhandenen Aggressionen des Kindes umzugehen. Andererseits können Eltern in der Erziehung einiges dafür tun, damit ihr Sohn eine gesunde Einstellung zur Gewalt bekommt, indem Sie zum Beispiel »Gewaltfreiheit« vorleben. Mehr darüber erfahren Sie im folgenden Kapitel »Gewalt kommt nicht von allein« (ab Seite 44).

Die eigene Einstellung überprüfen

Und was, wenn Ihr Junge sich ganz anders verhält, sich nicht prügeln will? Soll er sich schlagen und sich übervorteilen lassen? Soll er Angst zeigen, sich vor den anderen blamieren? Wie soll er mit seiner eigenen Aggression und mit Provokationen durch andere Kinder umgehen? Wissenschaftlichen Untersuchungen zufolge werten die meisten Eltern von Jungen das forsche Auftreten und die körperliche Aktivität der Jungen in unbekannten und gefährlichen Situationen als mutig, also positiv. Verhielten sich die Jungen dagegen wie Mädchen, also abwartend, zögerlich, vorsichtig und langsam, war das den Eltern gar nicht recht. Sie bezeichneten ihre Söhne als zu wenig mutig und passiv.

Junge Männer gelten als besonders cool, wenn sie sich rücksichtslos verhalten – und keine Angst zeigen.

Die Jungen registrierten selbstverständlich diese Enttäuschung ihrer Eltern und versuchten bei der nächsten Gelegenheit, den Erwartungen zu entsprechen. Sie verbargen ihre Angst mit lauter Geräuschentwicklung und Aktionismus. Eltern von Mädchen dagegen kämen gar nicht auf die Idee, dass ihre Töchter mutig sein müssten. Es wird von ihnen häufig als selbstverständlich hingenommen, dass Mädchen ihre Angst zeigen dürfen.

Die Angst kaschieren

Wenn Jungen mit viel Lärm und Geschrei sinnlos umhertoben, sind das weder typische Jungenreaktionen noch Machoallüren, sondern stereotype Mechanismen, um Gefühle wie Angst oder Hilflosigkeit zu verbergen. Dadurch wird nicht vorhandene Stärke vorgetäuscht, ähnlich einer Katze, die bei Gefahr ihr Fell sträubt und sich damit sichtbar vergrößert, ohne tatsächlich größer zu sein. Besonders auffällig ist dieses Verhalten im Kindergarten. Viele Jungen haben in diesem Alter bereits gelernt, dass sie Männer sind und dass Männer eigentlich nie sichtbar ängstlich sein dürfen. Verspüren sie nun Angst, dann wissen sie nicht, wie sie damit umgehen müssen und kompensieren diesen unbefriedigenden Zustand mit Stimmgewalt und motorischer Aktivität.

Fassen wir also zusammen:

➞ Aggressionen kann man nicht verbieten und nicht verhindern. Ein Aggressionstabu verhindert sogar eine ungestörte Identitätsentwicklung bei Jungen.

Auch bei Mädchen macht sich das Testosteron zuweilen bemerkbar, und sie wetteifern miteinander.

➞ Aggressionen haben in der Regel nachvollziehbare Gründe, sie sind im Zusammenleben aller Gemeinschaften sogar notwendig.

➞ Aggressionen führen, wenn sie uneingeschränkt eskalieren, zu Chaos, Totschlag und Mord; politische Aggressionen führen zu Kriegen.

Trotzdem müssen wir mit Aggressionen leben. Und damit wir es unbeschadet können, müssen wir lernen, mit ihnen umzugehen.

Der Umgang mit Aggression

Wenn Sie selbst zu Aggressionen neigen

➞ Gehen Sie Ihrem Jungen mit gutem Beispiel voran. Wenn Sie wütend sind – das gilt besonders für die Väter –, sollten Sie nicht zuschlagen und nicht davonlaufen! Wählen Sie eine andere, unschädliche Art, um Ihre Aggression loszuwerden, z. B. schreien Sie (im Keller, in der Garage, im Auto).

➞ Lernen Sie einen Kampfsport, vorzugsweise Aikido. Diese Sportler üben es, mit ihrer Kraft diszipliniert umzugehen, selbst dann, wenn Aggressionen bestehen.

➞ Wenn Sie fürchten, dass Ihr Sohn in seinen Aggressionen nicht zu kontrollieren ist, schließen Sie eine Haftpflichtversicherung ab. Dadurch können Sie dann wenigstens Ihren Ärger über mögliche Schäden eindämmen.

Wenn Ihr kleiner Sohn aggressiv ist

→ Versuchen Sie herauszufinden, was die Ursache für die Aggressionen ist, und suchen Sie nach Möglichkeiten zur Beseitigung. Beobachten Sie Ihren Sohn und die Entwicklung einer kritischen Situation, bevor Sie Maßnahmen ergreifen. Wenn sich Ihr Sohn bereits durch einfache Reize provozieren lässt, sollten Sie mit ihm üben, nicht jede Provokation zu »beantworten«.

→ Wenn die Aggressionen von Ihrem Sohn körperlich ausgetragen werden: Passen Sie den Zeitpunkt ab, der unmittelbar vor dem Ausbruch der Aggression liegt. Raufen oder ringen Sie dann mit Ihrem Sohn. Sie können ihm dabei ruhig zeigen, wer der Stärkere ist. Aber lassen Sie auch ihn ab und zu gewinnen.

Reagieren Sie nicht nur auf das, was Ihr Kind macht oder sagt, sondern handeln Sie vorausschauend, wenn sich kritische Situationen ankündigen.

→ Vereinbaren Sie mit Ihrem Sohn bestimmte Kampfregeln, z.B. keine »Waffen«, keine Tritte, keine Boxhiebe, keine Schläge ins Gesicht, auf Genitalien, Bauch und Busen, kein An-den-Haaren-Ziehen.

→ Vereinbaren Sie mit Ihrem Sohn ein Wort, das zur sofortigen Einstellung des Kampfes führt, egal, wer es ausspricht.

→ Zeigt Ihr Sohn im Kampf unfaires Verhalten, beispielsweise weil er auf die Genitalien oder das Gesicht boxt, brechen Sie den Kampf sofort ab. Sagen Sie ihm, dass er die Regeln gebrochen hat und dass Sie dies nicht gut finden. Machen Sie ihm klar, dass er Ihnen weh getan hat und dass Sie nicht mehr mit ihm raufen werden, wenn er das noch einmal tut. (Diese Drohung müssen Sie dann auch wahr machen.)

→ Bringen Sie Ihrem Sohn bei, dass er im Kampf auch an Ihrem Gesichtsausdruck erkennen kann, ob er gerade eine Regel bricht oder eine Grenze überschreitet.

→ Üben Sie die Situation, dass Ihr Sohn die Rauferei sofort abbrechen soll, wenn sein Gegner verletzt ist, Schmerzen hat, sich nicht mehr wehrt oder sagt, dass er nicht weiterkämpfen will.

➞ Wenn Sie nicht mit Ihrem Kind raufen möchten oder können: Machen Sie eine Kissenschlacht mit ihm unter den Bedingungen, wie soeben für das Raufen beschrieben.

Wenn Ihr halbwüchsiger Sohn aggressiv ist

➞ Beantworten Sie keinesfalls die Aggression Ihres Sohnes mit einer Aggression. Also weder schlagen (auch nicht im Affekt) noch ihn irgendwie demütigen. Wenn Ihr Sohn zu erregt ist, verschieben Sie die Diskussion darüber auf später.

➞ Wenn Ihr Sohn Alkohol trinkt, kann das latent vorhandene Aggressionen fördern, die ohne Alkoholkonsum nicht spürbar sind. Alkohol enthemmt und mindert die Wahrnehmung für Risiken. Ist das bei Ihrem Sohn der Fall, sollten Sie mit ihm ein klare Absprache darüber treffen, dass er unter diesem Aspekt auf den Alkohol verzichtet. Tischen Sie dieses Thema nicht gerade auf, wenn er Alkohol getrunken hat, sondern wenn er nüchtern ist. Laden Sie beispielsweise verlässliche Freunde Ihres Sohnes zum Essen ein, und sprechen Sie das Thema mit Nachdruck an – es wird in der Regel nicht allein Ihren Sohn betreffen. Handeln Sie mit den Jungen aus, dass sie sich selbst kontrollieren. Sind an den Alkoholaggressionen mehrere Jugendliche beteiligt, könnten Sie mit deren Eltern eine gemeinsame Maßnahmenabsprache vereinbaren.

Sprechen Sie mit Ihrem Sohn über die Folgen seiner Handlung. Erklären Sie ihm die Vorteile einer friedlichen Haltung in der kritischen Situation.

➞ Diskutieren Sie angemessen mit Ihrem Sohn über sein Verhalten. Treten Sie nicht als Richter auf, sondern als beratender leitender Freund. Sie sollten ihn also nicht rügen und ihm keine Vorhaltungen machen. Lassen Sie ihn zunächst einmal erklären, warum es zum Ausbruch der Aggressionen kommt. Lassen Sie ihn dann Vorschläge machen, wie die Situation entschärft werden kann. Sagen Sie dazu Ihre ehrliche Meinung, und machen Sie gegebenenfalls Gegenvorschläge.

➞ Bieten Sie Ihre vermittelnde Hilfe an, wenn es Konflikte gibt, die Ihr Sohn durch Aggressionen zu lösen versucht.

➟ Lassen Sie ihn die Konsequenzen seiner Aggression weitgehend selbst tragen, sofern sie ihn damit nicht überfordern.

➟ Sorgen Sie für genügend Zeit und Platz, damit sich Ihr Sohn ohne Schaden für andere körperlich austoben kann.

➟ Überlegen Sie gemeinsam mit ihm, ob er nicht seine Kraft nutzbringender einsetzen kann, beispielsweise in einem Sportverein.

➟ Helfen Sie Ihrem Sohn dabei, Unmut, Wut oder Kritik zu kanalisieren und an die richtige Adresse zu leiten.

Der spielerische Kampf nach festen Regeln kann Ihrem Sohn helfen, kontrollierter mit seinen Aggressionen umzugehen.

➟ Helfen Sie Ihrem Sohn dabei, die Hintergründe für sein Verhalten zu verstehen (Testosteron!). Machen Sie ihm klar, dass das aber seine Handlung nicht entschuldigt. Sprechen Sie Methoden durch, mit denen er sich vor dem Ausrasten schützen kann.

➟ Stellen Sie mit Ihrem Sohn gemeinsam ein paar Grundregeln auf, wie er sein Verhalten in einer Konfliktsituation besser kontrollieren kann. Zum Beispiel: zuerst nachzudenken, wie der Konflikt anders gelöst werden kann; danach abzuschätzen, was die möglichen Folgen der Aggression für die anderen sein könnten; dann zu überlegen, welche »Gewinne« oder »Verluste« für ihn selbst dabei entstehen können.

➟ Fordern Sie Ihren Jungen keinesfalls auf, »es anderen mal richtig zu zeigen«. Auch die Aufmunterung zur Verteidigung mit der Faust »Schlag doch zurück!« sollten Sie unterlassen. Überlegen Sie stattdessen gemeinsam, mit welchen Mitteln er Streit vermeiden oder sogar schlichten kann: Indem man miteinander redet, Ausgrenzungen unterlässt, Provokationen vermeidet, nach der (Aggressions-)Ursache fragt und damit dem Streithansel zunächst den Anlass nimmt.

Gewalt kommt nicht von allein

Aggressionen liegen in der Natur des Menschen, sie sind eine Auswirkung der Hormone. Was aber, wenn Ihr Sohn zur Gewalttätigkeit neigt? Wenn er Auseinandersetzungen lieber mit der Faust löst als mit Worten? Wenn Gewalt für ihn nichts Negatives ist, sondern »dazugehört«? Die Ursachen für Gewalttätigkeit wurzeln in der Erziehung und in der Gesellschaft. Als Eltern können Sie also viel dafür tun, dass Ihr Sohn und seine Freunde lernen, mit ihren Problemen und Aggressionen angemessen umzugehen, und so einer gewalttätigen Entwicklung vorbeugen: Sie und andere Eltern sind ihre Vorbilder.

Ist die Gesellschaft schuld?

Die Fakten sind beängstigend. Körperliche Gewalt wird immer brutaler ausgeübt, und die Gewaltbereitschaft steigt. Laut Statistiken sind es zu 90 Prozent Männer und männliche Jugendliche, die gewaltsame Taten begehen – sie alle waren einmal kleine hilflose Jungen!

»Gewalt an den Schulen« ist ein eigenes Kapitel, auch in diesem Buch: siehe Seite 146 bis 157.

In einem Internet-Beitrag mit dem Titel »Was heißt hier kriminell?« (unter: www.zukuenfte.de) war zu lesen: »Alle 49 Sekunden eine Sachbeschädigung, alle 85 Sekunden eine Körperverletzung, alle 10 Minuten ein Sexual-, alle 13 Minuten ein Umweltdelikt und alle 9 Stunden 9 Minuten ein Mord oder Totschlag – so die Zahlen der polizeilichen Kriminalstatistik; Dunkelziffern nicht eingerechnet.« Der Artikel zählt weiter auf: »Schüler erschießen ihre Lehrer, Kinder werden terrorisiert von bewaffneten Jugendlichen, Amokläufer töten wahllos Menschen im Wahn, Rauschgifthandel an Schulen und auf Spielplätzen.«

Die Zahl der Straftaten hat sich in 25 Jahren fast verdoppelt, die so genannte Jugendkriminalität hat im Verhältnis besonders zugenommen. Gewalt, so müssen wir inzwischen leider bekennen, ist ungeachtet lokaler oder regionaler Unterschiede ein Teil unseres Alltags, ein Produkt unserer Gesellschaft und ein Ergebnis unserer Kultur. Es tröstet keineswegs, dass die kriminelle Gewalt, gemessen an der Gesamtbevölkerung, nur von einer verhältnismäßig kleinen Gruppe von Menschen (meistens, aber nicht nur Männer!) ausgeht, die vielfach als Wiederholungstäter die Statistik nachhaltig beeinflussen. An der »Gewalt in der Schule« sind beispielweise keineswegs alle fünf Millionen Schüler beteiligt – etwa 175.000 Schüler gehören zum Kreis der notorischen Täter.

Gewalt ist ein gesellschaftliches Problem. Das bedeutet aber nicht, dass Eltern einer Entwicklung ihres Kindes zum Gewalttäter hilflos gegenüberstehen.

Gewalt ist alltäglich geworden

Beängstigend ist allerdings, dass die Bereitschaft zur Gewalt sich inzwischen nicht mehr auf das eindeutig kriminelle Milieu beschränkt, sondern auch in weniger aggressive Schichten vorgedrungen ist. Gewalt beherrscht nicht mehr nur einen dunklen Teil unserer Realität, sie ist gewissermaßen hoffähig geworden und hat sich in den bravsten Familien breit gemacht. Es gibt kaum einen Fernsehabend ohne Leichen und andere Gewalttaten auf dem Bildschirm – Gewalt ist zu einem wichtigen und allgemein akzeptierten Element unserer Freizeit geworden.

Wer sich dem Gruppenzwang nicht beugt, wird schnell ausgegrenzt. Dies ist aber kein Grund, Gewalt zu akzeptieren

Schlimmer noch ist der Siegeszug der realen Gewalt: Wir befinden uns am Beginn einer Epoche zunehmender Gewalttätigkeit, wie der Sozialforscher und Kriminologe Dr. Sebastian Scheerer von der Universität Hamburg befürchtet. Die gesellschaftlichen Ursachen dafür

sind der Rückgang von Selbstkontrolle und Disziplin der Gemeinschaft. Denn autoritäre Strukturen verlieren an Macht, die Individualisierung schreitet immer mehr voran, die Menschen werden eingeteilt in »Gewinner« und »Verlierer«. Die bisherige Gesellschaft splittet sich in »communities«. Diese Teilgesellschaften schaffen sich ihre eigene Lebenswelt, oft unter gewaltsamer Missachtung der Freiheiten anderer Teilgruppen. Gemeint ist: Sie nehmen sich mit der Faust oder Waffen gewalttätig heraus, was ausdrücklich verboten ist.

So kommen Jungen zur Gewalt

> Jungen, die ohne Vater aufwachsen, sind laut Statistik häufiger gewalttätig und werden häufiger süchtig nach Alkohol und Drogen als Jungen aus intakten Familien.

Die körperliche Kraft und Gewalt der Männer und damit auch der Jungen war seit Beginn der Menschheit von überragender Bedeutung für das Überleben des Einzelnen und der Gemeinschaft. Doch im Laufe der Entwicklung wurden für Angriff und Verteidigung sowie für den Verdienst des Lebensunterhaltes die Muskeln immer unwichtiger, Intelligenz bzw. High-Tech hingegen immer bedeutsamer. Die traditionelle Vorstellung von Männlichkeit hat sich überholt, sie ist nicht mehr zeitgemäß.
Eine kleine Gruppe von Jungen und Männern scheint sich damit schwer zu tun und reagiert mit übertriebenem Männlichkeitsgehabe. Männliche Jugendliche fallen heute mit Gewaltdarbietungen häufiger aus der Rolle als die »Halbstarken« der Generationen davor. Die hatten zwar auch Testosteronüberschuss, zeigten mächtig viel Imponiergehabe und litten unter dem Problem der sozialen Selbstfindung, sie waren aber geprägt von der friedensbestrebten Erziehung der Nachkriegsgesellschaft. Heute verhält sich das Umfeld der jungen Männer gegenüber Gewalttaten vielfach tolerant oder ist gar unfähig, der Aggression oder dem gewalttätigen Verhalten etwas entge-

genzusetzen. Jugendliche haben dann deutlich geringere Hemmschwellen, ihre Gewaltbereitschaft zu zeigen.
Betrachtet man das Profil der Gewalttäter, fallen aber auch andere Faktoren als verstärkende Voraussetzungen auf: geringe Schulbildung, fehlender familiärer Rückhalt, schlechte Berufschancen bzw. Zukunftsaussichten. Jungen mit schlechten Ausbildungsperspektiven und arbeitslosen Eltern fallen drei- bis viermal so oft als Mehrfachtäter auf wie Jungen mit guten Ausbildungschancen und berufstätigen Eltern. Bei Jungen mit hoher sozialer Integration ist die Gewaltrate dagegen sehr niedrig.

Gewalt erzeugt Gewalt. Jungen, die in ihrer Kindheit Schläge oder Psychoterror erleben, zeigen später eine erhöhte Gewaltbereitschaft.

Welche Jungen sind gefährdet?

Die Kriminalstatistik geizt nicht mit Hinweisen. Besonders stark gefährdet sind Jungen, die immer wieder geschlagen werden. Sie werden mit eineinhalb- bis dreimal größerer Wahrscheinlichkeit selbst zu Gewalttätern als Jungen, die gewaltfrei erzogen werden. Insbesondere intensive und lang erduldete Misshandlungen oder körperliche Strafen führen ebenfalls zu einer hohen Gewaltrate, die allerdings noch einmal sprunghaft ansteigt, wenn diese Jungen zu Zeugen von Gewalttätigkeiten ihrer Eltern geworden sind. Dagegen nehmen Mädchen, die Gewalt im Kindesalter ertragen müssen, auch im späteren Leben oft die Opferrolle ein. Werden Mädchen misshandelt und müssen sie zusehen, wie die Mutter vom Vater geschlagen wurde, wählen sie zehnmal wahrscheinlicher einen gewalttätigen Partner, als dies Mädchen ohne entsprechende Gewalterfahrung tun.

Schläge zeigen Hilflosigkeit und sind keine Argumente. Versuchen Sie deshalb, Probleme mit Ihrem Kind in einem Gespräch zu klären

Wo fängt Gewalt in der Erziehung an?

Eine Tracht Prügel hat noch keinem Jungen geschadet! Diese Ansicht ist nach wie vor weit verbreitet. Und der Klaps auf den Po des unartigen kleinen Burschen kommt in der »Gewaltliste« von Eltern praktisch nicht vor. Körperliche Strafen sind als Erziehungsmittel bei vielen Menschen immer noch anerkannt und werden nicht als Gewalt empfunden. Die Eltern wollen damit ja nur das Beste für das Kind erreichen – doch sie sollten sich klar darüber sein, dass jede schmerzhafte Handgreiflichkeit bereits Gewalt ist. Das gilt auch für den Klaps auf die Finger, wenn der Kleine etwas anfassen möchte, was ihm schaden wird, beispielsweise eine heiße Teekanne. Zum einen ist diese Erziehungsmethode unsinnig, denn mit dem Schmerzempfinden durch den Klaps wird die lebenswichtige Schmerzerfahrung durch Berühren des heißen Gegenstandes vermieden. Also lernt der Kleine nicht, dass die heiße Teekanne Schmerzen beim Berühren verursacht, sondern wird darauf dressiert, die Teekanne nicht in Gegenwart seiner Eltern zu berühren. Zum anderen wird der Junge ganz sicher auf den Schmerz reagieren – wenn nicht gleich, dann beim nächsten, stärker geführten Klaps. Kommt er in den Kindergarten, wird er selbst Klapse und Hiebe austeilen, weil er weiß, dass er damit andere Kinder gefügig machen kann. Und wenn er einmal selbst Kinder hat, wird er wahrscheinlich wieder schlagen – er hat es schließlich so gelernt.

Kleiner Klaps – aber große Wirkung. Das Bewusstsein für Gewalt wird dadurch geprägt – mit schlimmen Folgen

Gewalt kann sich einschleichen

Problematisch an der Bestrafung mit Klapsen ist vor allem die Beobachtung, dass Eltern, die bereits ihren Säugling mit Klapsen »bestrafen«, im Laufe der Zeit das Strafmaß erhöhen. Dies dokumentierte eine Langzeituntersuchung der Universität Nottingham in

Großbritannien. Bis zum vierten Lebensjahr des Kindes hatte sowohl die Häufigkeit als auch der Schweregrad der körperlichen Bestrafungen zugenommen. Schlugen die Eltern auch noch im siebten Jahr zu, benutzten sie nicht mehr nur die bloße Hand, sondern Gegenstände. Für die Diplom-Pädagogin und Leiterin des Kieler Kinderschutz-Zentrums, Irene Johns, ist das ein Beweis, dass es bei körperlicher Bestrafung zum fließenden Übergang zur Kindesmisshandlung kommen kann, ohne dass sich die Eltern darüber bewusst sind.

Zärtlichkeiten und Gefühle zu bejahen, sind gute Garantien dafür, dass Ihr Sohn frühzeitig lernt, auch mit seinen Gefühlen umzugehen.

Zehn Gründe, warum Klapse nicht harmlos sind

1. Bei Säuglingen und Kleinkindern wird die unersetzbare Sicherheit, geliebt zu werden, zerstört. Ihr Kind misstraut selbst in unbelasteten Situationen Ihrer Liebe und Fürsorge.
2. Sie bringen dem Kind vorbildhaft bei, in Konfliktsituationen Gewalt einzusetzen. Aus dem Opfer wird ein potenzieller Täter.
3. Sie bauen in Ihrem Kind Ängste auf – nicht gegen eine »gefährliche« Sache, sondern gegen die eigenen Eltern. Wichtige Erfahrungen werden unterdrückt. Neugier und Spontaneität werden gedrosselt. Oder das Kind entwickelt zwei Persönlichkeiten: eine devote Einstellung, um die Strafen der Eltern möglichst zu vermeiden, und eine ungehemmte, wenn es sich von den Eltern unbeobachtet glaubt.
4. Sie provozieren Ärger, Wut oder den Wunsch nach Rache. Diese Gefühle werden zunächst unterdrückt und brechen erst viel später, etwa in der Pubertät, plötzlich wieder hervor. Dann verstehen Eltern ihr Kind nicht mehr und fühlen sich ungerecht behandelt. Sie haben die Demütigung ihres Kindes als Erziehung gewertet und längst vergessen.

5. Sie zwingen Ihr Kind, unlogische und/oder übertriebene Reaktionen zu akzeptieren. Es kann nicht einschätzen, wie sein Verhalten tatsächlich zu bewerten ist.
6. Ihr Kind kann die Klapse oder Schläge als elterliche Zuwendung werten. Nach dem Motto: »Papa/Mama kümmert sich doch um mich, auch wenn es weh tut.« Um neuerliche Zuwendung zu erfahren, muss das Kind nur »etwas anstellen«. Verhält es sich dagegen »brav«, bleibt es unbeachtet.
7. Sie verändern oder zerstören die Sensibilität Ihres Kindes. Schmerzhafte Erfahrungen erzeugen ein »dickes Fell« oder Überreaktionen.
8. Sie beweisen Ihrem Kind, dass es keinen Respekt verdient. Das reduziert sein Selbstwertgefühl.
9. Sie vermitteln Ihrem Kind, dass Schmerz, Leid und Qual legitime Mittel sind, andere Menschen gefügig zu machen.
10. Sie bestrafen Ihr Kind gleich zweimal: Mit physischem Schmerz ist auch immer eine seelische Verletzung verbunden.

Suchen Sie den Dialog mit Ihrem Sohn, machen Sie ihm keine Vorwürfe oder lassen ihn auf keinen Fall »links liegen«.

Seelische Gewalt

Es gibt Mütter und Väter, die nie die Hand gegen ihr Kind erheben, aber trotzdem Gewalt auf ihr Kind ausüben. Sie strafen es mit Verachtung, Liebesentzug oder bestimmten Verhaltensweisen. Das kann mit Worten geschehen, mit Blicken, mit Mimik oder durch einfaches Abwenden, Fortstoßen oder Nichtansprache. Häufig werden Kinder durch Entzug von Nestwärme oder Nähe, z. B. durch Zimmerarrest, bestraft. Auch in diesen Fällen missbrauchen Eltern – oft ohne es zu wissen – ihre Autorität und hinterlassen tiefe Wunden in der Kinderseele. Eine andere Form ist die verbale Gewalt. Dann

überschütten Mutter oder Vater ihren Sohn mit Vorwürfen, Maßregelungen oder Beleidigungen, beispielsweise beim Kontrollieren der Hausaufgaben. Meist fällt ihnen dann auch ein, was sonst noch auf der Mängelliste steht oder gestanden hat (aber schon ausgeräumt wurde). Auch für die psychische und verbale Gewalt gilt: Es besteht eine große Gefahr, dass das Kind gewaltbereiter wird, selbst verbalen und psychischen Terror ausübt und später zu körperlicher Gewalt neigt. Die Schlussfolgerungen einer Studie der TU Dresden über Gewalt an der Schule geben zu denken: »Wer delinquent wird, z.B. Einbrüche begeht, ist vorher mit großer Wahrscheinlichkeit schon in der Schule durch Unterrichtsstörungen, psychische/verbale oder harte Aggressionen aufgefallen und wird in der Regel auch weiterhin für unterschiedliche Formen ›abweichenden Verhaltens‹ anfällig sein und diese größtenteils auch rechtfertigen.« Die Ursachen für gewalttätiges Handeln liegt der Studie nach im Erziehungsmilieu. Eine strenge Erziehung oder ein negatives Miteinander der Generationen wirkt sich demnach bei den Heranwachsenden deutlich gewaltfördernd aus. Der unkontrollierte Umgang mit den Medien und so genannten Freunden wird ebenfalls negativ bewertet, vor allem, »wenn unmittelbare Freunde ebenfalls zu problematischen Verhaltensweisen neigen«.

Aggressives Verhalten und verbale Gewalt können die ersten Anzeichen für eine erhöhte körperliche Gewaltbereitschaft sein.

Versetzen Sie sich in die Lage Ihres Kindes

Um die Situation Ihres Kindes besser zu verstehen, stellen Sie sich bitte einmal folgendes Szenario vor:
Sie arbeiten im Büro eines Unternehmens. Sie beantworten gerade die Anfrage eines Kunden und schreiben einen Brief am Computer. Ihr Chef, ein großer Mann, dem Sie gerade bis zur Brust reichen, kommt ins Büro, stellt sich hinter Sie und liest, was Sie gerade schreiben. Er zeigt Ihnen drei Rechtschreibfehler, die Ihr Programm auch schon bemerkt und unterstrichen hat. Sie hatten

sich vorgenommen, den Brief erst im kompletten Zustand zu korrigieren und zu formatieren. Das sagen Sie auch, aber Ihr Chef stellt nur verärgert fest: »Wie oft soll ich Ihnen noch sagen, dass Sie nur einen schmalen Rand lassen sollen.« Sie beeilen sich, auch hierauf zu antworten. Er fällt Ihnen lautstark ins Wort und rügt Ihre Ordnung auf dem Schreibtisch. Dann nimmt er von dem Stapel »zu erledigen« eine Akte und fragt vorwurfsvoll: »Warum ist der Vorgang noch immer nicht bearbeitet?« Bevor Sie den Grund nennen können, verlässt er Ihr Büro und schnaubt im Fortgehen: »Und den Papierkorb leeren Sie gefälligst auch mal aus.« Fünf Minuten später ruft er sie in sein Zimmer und verlangt Rechenschaft über einen Vorgang, der längst erledigt ist, und bei dem Ihnen ein Fehler unterlaufen war, den Sie jedoch korrigiert haben.

Beim Mittagessen tritt er lächelnd an Ihren Tisch und fragt, ob's Ihnen schmeckt. Nach der Mittagspause geht er an Ihnen vorbei, und ihm fällt auf, dass Sie einen Fleck auf der Jacke haben. Er schaut sichtlich angewidert aus dem Fenster und fragt, wem der schmutzige Kleinwagen gehört. Als Sie kleinlaut »mir« sagen, murmelt er hörbar im Vorbeigehen: »Das passt zu Ihnen. Stellen Sie Ihr Auto demnächst woanders ab, ich kann den Anblick nicht ertragen.« Sie haben den Brief endlich fertig und bringen ihn zu Ihrem Chef. Er liest ihn stirnrunzelnd, dann schüttelt er den Kopf und schnauzt Sie an: »Da sind ja immer noch Fehler drin. Das schreiben Sie noch mal!« Jetzt reicht's Ihnen und Sie sagen: »Tun sie's doch selber!« Da baut sich der Hüne vor Ihnen auf und schreit Sie an, dass Sie eine absolute Null sind und er Sie feuern wird, wenn Sie nicht tun, was er sagt. Alle im Büro hören zu.

Es gibt Situationen, in denen auch wir nicht davonlaufen können und wir uns ihnen stellen müssen. In ähnlicher Lage befindet sich Ihr Kind.

So weit unsere Geschichte. Klar, Sie würden sofort kündigen, wenn es so wäre. Aber stellen Sie sich weiter vor, Sie hätten große finanzielle Verpflichtungen und keinen Ersatzjob. Sie könnten sich vorübergehend krankschreiben lassen, bis sich die Wogen geglättet haben? Vielleicht. Wenn nicht, müssen Sie sich ducken, den Mund halten, Ihre Aggressionen und Ihren berechtigten Zorn runterschlucken, denn Ihre Situation ist ausweglos – Sie sind dem Mann nicht gewachsen und deshalb seinem Psychoterror ausgeliefert. Ist es nicht verständlich, wenn Sie in so einem Fall einerseits von Selbstzweifeln geplagt werden und andererseits von Rache und Befreiung träumen?

Wenn Erwachsene ständig solchen Konflikten ausgesetzt sind, reagieren auch sie mit Abwehr, Rückzug oder Depression.

Ihr Sohn ist Ihnen ausgeliefert

Kinder, die von ihren Eltern ständig ermahnt, gegängelt oder zur Rechenschaft gezogen werden, entwickeln ähnliche Gefühle wie in der Geschichte beschrieben. Aber Kinder können nicht kündigen! Sie schlucken den Frust. In ihnen wächst die Erkenntnis, dass sie zu nichts taugen, dumm, faul und schlecht sind oder nur aus Mängeln bestehen. Die meist unbedacht geäußerten ungerechten Verunglimpfungen der Eltern werten sie denn auch nicht als Sachkritik, sondern als persönliche Ablehnung.

Je nach Typ und Geschlecht bildet sich in dem Kind ein Nährboden mit einer Mischung aus Aggression, Depression, Angst und Lebensunlust (Null-Bock-Laune). Mädchen neigen zum Rückzug, verkriechen sich oder fliehen in Traumwelten, Jungen ballen die Fäuste in den Hosentaschen, lassen ihren Zorn an der kleineren Schwester oder schwächeren Schulkameraden aus. Darüber sind dann wieder die Eltern empört, aber darauf, dass sie selbst mit Psychoterror und verbaler Gewalt die Ursache der Gewalt ihres Sohnes sind, kommen sie nicht.

Vergessen Sie nicht: Ihr Kind glaubt das, was Sie ihm sagen. Sie sind schließlich seine Eltern.

Überprüfen Sie Ihr Verhalten

- Notieren Sie sich ein paar Tage lang Ihre Ermahnungen. Wie oft ermahnen Sie Ihren Sohn? Wiederholen Sie sich in Wortlaut und Sinn? Was davon ist ungerecht, was lässt sich tolerieren? Was würden Sie bei sich selbst rügen und was durchgehen lassen?
- Forschen Sie nach: Haben Sie ein Motiv, wenn Sie Ihrem Sohn so zusetzen? Ist es Sorge oder Angst um sein Wohlergehen, um die Schulnoten? Oder wollen Sie ihn mit Ihren Bemerkungen verletzen, klein halten und abhängig machen? Lassen Sie mit Ihren Attacken vielleicht Ihre eigene Ungeduld oder schlechte Laune an ihm aus?
- Prüfen Sie sich: Wollen Sie Ihrem Sohn mit ständigen Ermahnungen und Rügen wirklich helfen oder wollen Sie ihm nur zeigen, dass er ständig Fehler macht?
- Erinnern Sie sich: Wie war das damals mit Ihren Eltern? War es ähnlich? Wenn ja, was haben Sie damals gefühlt und gedacht?
- Kontrollieren Sie sich nach einer verbalen Attacke: Sind Sie auf-

Jetzt gesetzlich verankert: die gewaltfreie Erziehung

Seit November 2000 ist Gewalt in der Erziehung von Kindern gesetzlich untersagt: Kinder haben ein Recht auf gewaltfreie Erziehung. Körperliche Bestrafungen, seelische Verletzungen und andere entwürdigende Maßnahmen sind unzulässig (BGB, § 1631, Absatz 2). Der Gesetzesnovelle liegt die wissenschaftliche Erkenntnis zugrunde, dass eine Traumatisierung der Kinder unweigerlich sozialpolitische Konsequenzen nach sich zieht. Im Klartext heißt das: Demütigen die Eltern ihr Kind mit Schlägen oder Psychoterror, besteht die Wahrscheinlichkeit, dass diese Kinder gewaltbereit sind oder gar zu Gewalttätern werden.

geregt oder eher gelassen? Fühlen Sie sich mächtig oder eher ohnmächtig? Haben Sie manchmal Zweifel, ob Sie auf diese Weise wirklich erreichen, was Sie erreichen wollen?

➞ Sehen Sie Ihre Notizen an: Sind Ihre Argumente sachlich oder gefühlsbetont? Wenn Sie beispielsweise wütend sind: Sagen Sie dann auch, dass Sie wütend sind und was Sie wütend macht?

Wenn Ihr Sohn bei jeder Kritik sofort abweisend oder aggressiv reagiert, sollten Sie sich die Art und Weise Ihrer Ermahnungen einmal genauer ansehen.

Gewalt und Fernsehen

Kinder müssen das Leben erst noch kennen lernen. Das ist keine besondere Erkenntnis, aber eine wichtige Voraussetzung, um zu verstehen, welchen Einfluss das Fernsehen inklusive Video und Computer auf die Entwicklung von Gewalt bei Kindern hat. Während Erwachsene unmittelbar beim Sehen den Vergleich der Darstellung mit der Wirklichkeit ziehen und die Inhalte relativieren können, brauchen Kinder und Jugendliche ständig Hilfestellung. Sie müssen verstehen, dass grausam wirkende Szenen nicht wirklich grausam sind, Blut nicht echt, sondern Ketchup ist, Tote nicht wirklich tot sind – Dokumentarfilme oder Nachrichtensendungen einmal ausgenommen. Unterbleibt bei Kindern und Jugendlichen diese Korrektur, dann kann für sie leicht der Eindruck entstehen, die Welt besteht ausschließlich aus Action, Vergewaltigung, Raub, Pornografie, Mord und Totschlag, und das sei alles völlig normal.

Besprechen Sie Fernsehsendungen mit Ihrem Sohn und fragen Sie nach Darstellungen, die er abstoßend fand oder nicht verstanden hat, und erklären Sie ihm diese.

Sollten Kinder und Jugendliche besser gar nichts davon sehen? Die Antwort auf diese Frage ist überflüssig, denn kaum ein Haushalt, eine Familie, wo es nicht

mindestens ein Fernsehgerät gibt. Eine Studie der Technischen Universität Dresden über Gewalt als soziales Problem an Schulen offenbarte: 64,3 Prozent der Schüler in Sachsen und 63,8 Prozent der hessischen Schüler haben ein eigenes Fernsehgerät; 20,4 Prozent bzw. 28,6 Prozent haben ein eigenes Videogerät; 34,8 Prozent bzw. 44,2 Prozent der Schüler haben einen eigenen PC.

Die Ergebnisse der Studie bringen uns einige wichtige Erkenntnisse zum Medienkonsum und Gewaltverhalten von Jugendlichen. So besteht zum Beispiel ein direkter Zusammenhang mit der Häufigkeit des Fernsehens und der Einstellung zu Gewalt: »Je häufiger die Schüler Video und/oder Fernsehen konsumieren, desto mehr sind sie der Meinung, dass Gewalt etwas Selbstverständliches, Normales und Notwendiges ist. ... Längere Sehdauer geht auch mit mehr Täterverhalten, Delinquenz (Straffälligkeit), Schuldevianz (Schuleschwänzen) und Aggressionsbereitschaft einher.« Kinder, die an der schulischen Gewalt unbeteiligt sind, sehen hingegen deutlich weniger fern als der Durchschnitt. Diese Schüler klären ihre Streitigkeiten auch meist durch Reden, sie besitzen also eine hohe Streitkompetenz.

Kinder nehmen das, was sie im Fernsehen sehen, für bare Münze. Sie müssen erst lernen, Fiktion und Wirklichkeit zu unterscheiden.

Brutale Filme erhöhen das Aggressionspotenzial

Die Art der konsumierten Filme hat ebenfalls Auswirkungen auf die Gewaltbereitschaft: »Der häufige Konsum von Gewalt- und Sexfilmen ... hängt mit einer positiveren Einstellung zur Gewalt, einem stärkeren Aggressionspotenzial, einem aggressiveren Verhalten ... zusammen.«

Fazit der Studie ist: Der Anteil der Schüler, die häufigen Fernseh- und Videokonsum angeben und dabei das Gewaltgenre bevorzugen, ist bei den Täter-Gruppen überproportional hoch, während die Episoden-Täter und Opfer weniger Gewaltfilme konsumieren. Diese Studie belegt somit, dass problematischer Medienkonsum zu einer Erhöhung des Aggressionspotenzials beiträgt und dass das Kind umso aggressiver ist, je mehr Gewaltfilme es sieht. Widerlegt werden konnte dagegen die These, dass die Kinder durch den Konsum von Gewaltfilmen ihre Aggressionen abreagieren würden.

Sind Fernsehverbote angebracht?

Es wurde nachgewiesen, dass der Konsum von Gewaltfilmen Kinder aggressiv macht.

Ganz klar nein. Wenn Sie es ihm verbieten, wird der Junge eben heimlich fernsehen oder beim Freund, der unkontrollierten Zugang hat. Besser ist es, Sie sagen offen und ehrlich, wie Ihnen zumute ist, wenn Ihr Sohn schmutzige oder gewaltgeladene Filme sehen möchte. Reden Sie dabei nicht um den heißen Brei herum, nennen Sie die Dinge beim Namen. Fragen Sie nach seiner Einstellung zu Vergewaltigung, Körperverletzung und Mord. Wenn er ausweicht, fragen Sie ihn, wie er reagieren würde, wenn Ihnen oder ihm so etwas passieren würde. Über seine persönliche Betroffenheit wird er in der Regel Gewalt und Gewaltdarstellungen negativ bewerten. In jedem Fall sollten Sie ihm ein Alternativprogramm vorschlagen, das seinen altersgemäßen Interessen entgegenkommt.

Was ist bloß mit der Jugend los?

»Die Jugendlichen, von denen die Rede ist, sind keine Jugendlichen, sondern Projektionsflächen von Erwachsenen. Wer sich wundert, was mit der Jugend los ist, hat es versäumt, sich über eine Gesellschaft zu wundern, der diese Jugend entsprungen ist. So wie kein Apfel weit vom Stamm fällt, so künden die Sprösslinge von dem gesellschaftlichen Nährboden, auf dem sie gewachsen sind und der sich heutzutage so gern von ihnen distanziert.«
Jugendwerk der Deutschen Shell 1997

Die Beeinflussung unserer Söhne

Haben Sie schon einmal einen Mann gefragt, ob er es toll findet, ein Mann zu sein? Nein? Dann tun Sie es jetzt, und stellen Sie ihm dann auch gleich die Frage, warum er es toll bzw. nicht toll findet. Wenn Sie keine oder nur eine vage Antwort bekommen, fragen Sie ihn, ob seiner Meinung nach heute Männlichkeit respektiert wird. Spätestens dann wird herauskommen, dass viele Jungen – und selbstverständlich auch Männer – ein gewaltiges Problem haben: ihre Männlichkeit. Was biologisch männlich ist, bestimmen die Gene, was jedoch als männlich angesehen wird, bestimmt unsere Kultur und damit auch unsere Gesellschaft. Sie nimmt darauf Einfluss, und das nennt man Sozialisation.

»Lassen wir doch die Männer so natürlich wie möglich«. Das wäre keine schlechte Forderung, doch es gibt keine »natürliche Männlichkeit«. Es geht fast immer um gesellschaftlich geprägte Vorstellungen.

Held, Liebhaber oder Supermann?

Männer in Werbespots, die sich an Frauen richten, haben in der Regel alles, was Frauen an Männern begehren. Egal, wie unterschiedlich die Typen auch sein mögen, diese properen Idealfiguren sind vor allem männlich, signalisieren Stärke und Entschlossenheit und scheinen dabei aber auch zärtlich zu sein. Wenn Frauen diesen Wunschmann nicht haben, dann versuchen sie ihn zu erziehen. Gefragt sind dabei weder Machos noch Softies. Die Frau von heute sucht Stärke, Durchsetzungsvermögen, Aggressivität (in Maßen) sowie Gefühl, Verständnis und Einfühlungsvermögen.

Richten sich die Werbespots dagegen an Männer, dann sehen die Typen ganz anders aus. Es reiten immer noch hartgesottene Cowboys einsam über Plakatwände. Für Männer sind scheinbar noch immer abenteuertaugliche Kerle mit sonnengegerbten Gesichtern und strengem Blick das Nonplusultra. Nur wer ganz allein, in totaler Freiheit und die gefährliche, unkalkulierbare Natur im Rücken, ein Pferd, ein Motorrad oder einen Geländewagen unter sich, seinen Mann stehen kann, verkörpert echte, unverfälschte Männlichkeit – so zeigt es uns wenigstens die Werbung.

Überhöhte Erwartungen

Was soll also aus einem kleinen Jungen werden? Ein Leonardo Di Caprio mit ein paar Anteilen von Cary Grant und einem Schuss Götz George, wie ihn die Mutter haben möchte? Oder ein ganz unabhängiger, raubeiniger cooler Bursche mit dem Herzen am rechten Fleck, so einer, wie Papa eigentlich gern sein möchte? Ganz zu schweigen von den Großeltern, die in dem kleinen Mann einen Stammhalter sehen, der den Namen nicht aussterben lässt. Da ist dann auch noch die Allgemeinheit, die in dem Jungen ein zukünftiges produktives Mitglied der Gesellschaft erkennen möchte, und der Staat, der sich über einen zukünftigen Soldaten oder Zivi freut. Was also soll aus unserem kleinen Steppke einmal werden – ein Held, ein Supermann, ein Galan, ein Künstler, Handwerker, ein Politiker oder Intellektueller? Diese Frage wird meist schon gestellt, wenn der Knirps noch nicht einmal vollständige Sätze bilden kann. Doch was immer die Eltern oder irgendwer aus dem Jungen machen möchten, meist geht keine dieser Hoffnungen in Erfüllung. Dafür lastet ein ungeheurer Erwartungsdruck auf den Kindern. Sie sollen etwas werden, was es im realen Umfeld gar nicht gibt, was sozusagen nur in den Köpfen der Erwachsenen existiert und ihnen bewusst und unbewusst immer wieder als erstrebenswertes Vorbild

Kinder nach den eigenen Idealbildern modellieren zu wollen, bürdet ihnen einen großen Erwartungsdruck auf.

vorgehalten wird. Ein hoher Anspruch, den Knirpse wie Halbwüchsige kaum erfüllen können.
Mädchen wachsen sehr viel häufiger ohne derartige Erwartungen auf. An sie werden meistens weniger konkrete und damit weniger belastende Hoffnungen geknüpft.

Einflüsse aus der Umwelt

Eltern tragen zwar die Verantwortung, doch auch andere haben Einfluss auf die Entwicklung der Söhne.

Auch wenn Sie es sich manchmal vielleicht wünschen, Ihr Kind wächst nicht isoliert in einer abgeschlossenen Welt auf. Außer Mutter und Vater nehmen auch viele andere Menschen mit ihm sporadisch oder ständig Verbindung auf. Da sind zunächst einmal Verwandte und Freunde der Eltern. Wenn das Kind älter wird, sind eigene Freunde und Freundinnen wichtig. Kindergarten und Schule erweitern den kindlichen Bekanntenkreis erheblich. Neben den Eltern üben also bereits in diesem Alter viele Menschen mehr oder weniger starken Einfluss auf das Kind aus. Erzieherinnen im Kindergarten und Lehrerinnen und Lehrer in der Schule tun das sogar berufsmäßig. Doch auch die Großeltern, Tanten, Onkel, Nachbarn und Freunde erziehen durch ihre Einflussnahme mit. Nicht zu vergessen sind die meinungsbildenden Cliquen, deren Einfluss – wie neueste Studien belegen – sogar ziemlich maßgeblich ist. Daneben gibt es auch noch die »heimlichen Erzieher«, beispielsweise das Fernsehen, Zeitschriften und die Werbung.

»Das ist noch nichts für Dich!« scheint dieser Knirps seinem Freund sagen zu wollen.

Alle diese Einflüsse können für die Eltern eine positive Unterstützung sein, jedoch auch das Gegenteil bewirken. Meist hat man es mit einer Mischung aus guten und schlechten Einflüssen zu tun. Wenn Eltern ihre Erziehung gegen »schlechte« Fremdeinflüsse durchsetzen wollen, müssen sie bei ihrem

Kind gute Karten haben. Sie müssen nicht nur Autoritäten sein, sondern auch Vertraute, Kumpel, Spielgefährten, Beschützer, Begleiter und Weggefährten. Um das zu erreichen, sollten Mütter und Väter ihren Heimvorteil von der ersten Stunde an voll ausnutzen: jeder für sich und doch beide im Team.

Mütter und Söhne

Nicht wenige Mütter sind überrascht, wenn sie zum ersten Mal ihren neugeborenen Sohn in den Arm nehmen. Und hinter der Überraschung verbirgt sich oft Ängstlichkeit, wie denn mit einem Jungen umzugehen ist. Wie ein Mädchen behandelt wird, was es wohl fühlt, kann die Mutter nachempfinden, weil sie selbst mal ein Mädchen war. Aber ein Junge? Er fühlt sich schon äußerlich anders an. Für viele Mütter ist deshalb der Umgang mit ihrem Buben so etwas wie eine Reise in ein unbekanntes Land.

Mutter und Sohn – ein vorbelastetes Verhältnis

Das Verhältnis der Mutter zu ihrem Sohn ist in gewissem Maße von Anfang an vorbelastet. Im Umgang mit dem Jungen wird nämlich deutlich, was Frauen von Männern halten. Darin fließen unbewusst all jene Erfahrungen ein, die Mütter mit Männern gemacht haben – mit Vätern, Brüdern, Freunden, Lehrern, Chefs, natürlich auch Ehemännern, Liebhabern und anderen männlichen Bezugspersonen. Frauen entwickeln gemeinhin bewusst so etwas wie ein Männer-Wertbild, das ihre Erfahrungen widerspiegelt, das zeigt, wie sie Männer erlebt haben und wie sie selbst von Männern behandelt wurden.

Zeigen Sie als Frau Ihrem Sohn nicht, was Sie über Männer denken – lassen Sie ihn frei entscheiden.

Aber auch eigene Vorstellungen, wie Männer sein sollten, beeinflussen ihren Umgang mit den Jungen. Mitunter sind sie ganz besessen von ihren Ideen, z. B.: »Mein Sohn soll

nicht so werden wie sein Vater.« Damit setzen sie sich selbst und auch ihr Kind unter erheblichen Druck. Die Absicht mag wohlbegründet sein, sie hemmt jedoch den intuitiven, also spontanen, unbewussten und gefühlsmäßigen Umgang mit dem Kind.

Pränatale Einflüsse

Wissenschaftliche Untersuchungen haben ergeben, dass die Einflüsse schon im Mutterleib beginnen. Embryos hören gut, denn ihr Gehör ist ab dem fünften Monat voll ausgebildet. Sie nehmen Geräusche und Worte auch in Zusammenhang mit den körperlichen Reaktionen der Mutter wahr. Streitet sich eine Mutter beispielsweise häufig mit dem Vater und gerät dabei in einen negativen Stress, wird das Kind in seinem Gehirn die negative Empfindung mit der Stimme des Vaters »vernetzen« und speichern. Oder fällt ein bestimmter Name, bei dem die Mutter erschrickt, weil sie damit unliebsame Erinnerungen verknüpft, dann wird das Kind auch nach der Geburt eine negative Körperreaktion zeigen, wenn dieser Name genannt wird.

Das sollten Sie als Mutter beachten

➟ Erziehen Sie Ihren Sohn möglichst unbefangen. Belasten Sie Ihren Jungen nicht mit Ihren negativen Erfahrungen und Vorurteilen. Haben Sie nur wenig Erfahrung mit Männern, sollten Sie vertrauenswürdige Männer nach männlichen Sichtweisen, Empfindungen und Gefühlen fragen.

➟ Begegnen Sie dem Körper Ihres Jungen angstfrei und ohne falsches Schamgefühl. Aber: Berühren Sie den Penis nur, wenn es unbedingt erforderlich ist. Auch wenn kleine Jungen keine offensichtliche Intimsphäre haben und ihnen die Berührungen angenehm sind. Und wenn Ihr Sohn älter wird, ist dieser Bereich seines Körpers allein seine Angelegenheit.

➞ Wenn Sie bemerken, dass Ihr Sohn onaniert, machen Sie daraus kein Gesprächsthema. Auch jede anzügliche Bemerkung darüber ist völlig unangebracht (➛ Seite 122).

➞ Erklären Sie Ihrem Sohn, was an ihm, Ihnen und den Mädchen anders ist, warum er ein »Mann« ist und Sie eine Frau sind. Erzählen Sie ihm, dass man mit Mädchen genauso gut spielen kann wie mit Jungen. Sagen Sie ihm aber auch, dass Mädchen keine »Heiligen« sind und durchaus Schwächen haben können, beispielsweise manchmal zickig und nachtragend sind.

➞ Beteiligen Sie Ihren Sohn an Ihren Erlebnissen. Schließen Sie ihn nicht aus, weil Sie gerade etwas typisch Weibliches tun und er nur im Weg steht. Putzarbeit, Kochen und der Umgang mit der Wäsche sind nicht allein Frauensache, sondern auch für kleine Jungen interessant. Frühzeitiger selbstverständlicher Umgang damit verschafft den späteren jungen Männern Unabhängigkeit und Selbstsicherheit (➛ Seite 67).

Auch wenn Ihnen »Zipfel« oder »Schniedel« kindgemäßer erscheinen als »Penis«, überlassen Sie es Ihrem Jungen, einen eigenen Namen zu kreieren.

Die Unarten hat er vom Papa

Jedc Mutter sollte sich prüfen, ob sie ihren Sohn wirklich ohne Vorurteile akzeptiert. In kritischen Situationen werden oft die unbequemen Eigenarten eines Kindes, z. B. sein Durchsetzungsvermögen, als »typisch« für den Einfluss des Vaters gewertet oder werden verächtlich als »männlich« abqualifiziert. Angenehme Eigenschaften dagegen beruhen »selbstverständlich« auf dem femininen Einfluss der Mutter. Damit wird der Junge zu einem Instrument im Geschlechterkampf von Mutter und Vater. Als Folge daraus kann er in eine schwere Identifikationskrise geraten.

➞ Wenn Sie ernsthafte Probleme mit Ihrem Partner haben sollten: Versuchen Sie nicht, Ihren Sohn auf Ihre (weibliche) Seite zu ziehen. Führen Sie ihm nicht vor, wie gut die Frauen und wie schlecht die Männer sind. Jede Diffamierung Ihres Partners, der Freunde des Jungen oder der Männer allgemein wird Ihren Jungen erheblich verunsichern und seine Integration in der Jungenhierarchie von Freunden, Kindergarten und Schule erschweren.

Es ist wichtig, dass Mütter ihren Söhnen ein positives Bild von Männlichkeit vermitteln.

➞ Wenn der Vater Ihres Sohnes nicht Ihrem Wunschbild entspricht, also wenn er Eigenarten hat, die Ihnen nicht gefallen, ist es verständlich, dass Sie Ihren Sohn anders erziehen wollen. Hinterfragen Sie sich aber, ob Sie wissen, was Sie Ihrem Sohn stattdessen beibringen möchten.

➞ Stellen Sie sich nicht zwischen Ihren Partner und den Sohn. Auch wenn Sie glauben, Sie müssten Ihren Sohn vor einem unfähigen oder unengagierten Vater schützen. Sogar unbegabte Väter lernen mit ihren Söhnen umzugehen, wenn sie dazu die Möglichkeit erhalten. Drängen Sie sich nicht als Vermittler auf; im direkten Kontakt von Vater und Sohn ist dies meist ein Hindernis.

➞ Begrüßen Sie jedes Interesse Ihres Partners, des Vaters oder anderer vertrauenswürdiger Männer an Ihrem Sohn. Wenn es nachlässt, regen Sie es an. Auch wenn Ihr Sohn sich dadurch vermeintlich von Ihnen abwendet. Er wird Sie deshalb keinesfalls vergessen: Sie bleiben seine Mutter (➤ Seite 91).

➞ Zeigen Sie Ihrem Jungen, dass Sie ihn lieben. Freuen Sie sich an seiner Entwicklung. Je warmherziger und freundlicher Sie sind, umso inniger, vertrauter wird er sich Ihnen gegenüber verhalten.

➞ Suchen Sie das Gespräch mit Ihrem Sohn, auch wenn Ihnen gerade nicht danach zumute ist, beispielsweise nach einem Streit. Bieten Sie Ihre Gesprächsbereitschaft an. Lassen Sie aber Ihren Sohn entscheiden, ob er mit Ihnen sprechen will. Wenn ein Konflikt den Kontakt erschwert, verwickeln Sie ihn mit einem unverfänglichen Thema in ein Gespräch.

➞ Wenn Sie bemerken, dass Ihrem Sohn das Reden generell schwer fällt, loben Sie ihn (aber nicht aufgesetzt), wenn er Gelegenheit und Worte findet, um mit Ihnen zu sprechen.

➞ Lassen Sie sich durch aggressive Beschuldigungen oder eine rüde Sprache nicht provozieren. Brechen Sie das Gespräch mit einem Hinweis darauf ab, und verschieben Sie es auf einen anderen Zeitpunkt.

➞ Wenn Ihr Sohn sehr nachlässig in Ordnung und Disziplin ist: Tragen Sie ihm nichts hinterher. Räumen Sie keinesfalls heimlich sein Zimmer auf. Lassen Sie ihn die Folgen seiner Schlamperei selbst tragen, auch wenn er dadurch gelegentlich schlechte Noten in der Schule bekommt.

➞ Pflegen Sie unaufdringlich Körperkontakt. Nicht nur Babys oder Kleinkinder, auch Jungen im Raufboldalter wollen schmusen und mögen die mütterliche Wärme.

➞ Wenn Ihr Sohn traurig ist, Kummer oder Schmerzen hat, nehmen Sie ihn in den Arm oder halten Sie seine Hand. Doch bitte seien Sie in der Öffentlichkeit damit zurückhaltend. Jede Zärtlichkeit vor seinen Freunden, Mitschülern oder gar Mädchen könnte ihn als Muttersöhnchen erscheinen lassen und seine aufkommende Männlichkeit beleidigen.

➞ Lehnt Ihr Sohn diese zärtliche Körpersprache als unmännlich ab, raufen Sie mit ihm. Bei diesem »Kräftemessen« sollten Sie ihm mit Fairness begegnen, ihn nötigenfalls zur Fairness ermahnen sowie seine Stärke und Geschicklichkeit loben. Nehmen Sie Ihren Sohn während des Kampfgetümmels liebevoll in den »Schwitzkasten«, drücken ihn also mit den Armen fest an Ihre Brust. Er wird sich zwar sträuben, aber insgeheim Ihre Zuwendung genießen.

➞ Wenn Ihr Sohn in das Pickelalter

Das Gleichgewicht zwischen Nähe und Distanz halten – eine große Herausforderung für jede Mutter.

kommt, sollten Sie bei Gesprächen mit ihm nicht jede Hautunreinheit anstarren. Schauen Sie darüber hinweg. Auch das Ausdrücken von Mitessern ist nicht Ihr Job (➛ Seite 104).

➟ Interessieren Sie sich (unaufdringlich) für das, was Ihren Sohn interessiert, und teilen Sie möglichst eine seiner Jungenleidenschaften: Wenn er ein Buch liest, lesen Sie es auch und tauschen Sie sich mit ihm darüber aus. Wenn er gern Rad fährt, fahren Sie ab und zu mit. Wenn er in einer Mannschaft spielt, besuchen Sie die Turniere und feuern Sie ihn an. Wenn er mit dem Computer spielt, machen Sie eines seiner Lieblingsspiele mit.

Auch wenn Sie dieses Engagement möglicherweise etwas Überwindung kostet, es ist eine gute Anlage. Spätestens in der Pubertät werden Sie davon profitieren.

Seien Sie fair und ehrlich. Es ist wichtiger, wie Sie mit Ihrem Sohn umgehen, als lange Diskussionen zu führen.

➟ Wenn Ihr Sohn älter wird, müssen Sie sich immer wieder neu anpassen. Ändern Sie vor allem Ihre Sprache. Verwenden Sie beispielsweise Kosenamen bitte nur dann, wenn Sie mit ihm allein sind. Fragen Sie Ihren Sohn, ob Sie ihn anders nennen sollen. Ändern Sie auch – wenn nötig – Ihren Erziehungsstil, den Speiseplan, Ihre Gewohnheiten.

➟ Auch wenn Ihr Sohn Ihren Körper kennt und nichts dabei findet, ihn nackt zu sehen, drängen Sie ihm Ihre Nacktheit nicht auf. Nehmen Sie Rücksicht auf sein natürliches Schamgefühl und akzeptieren Sie seine Intimsphäre. Platzen Sie nie ohne Vorankündigung in sein Zimmer oder ins Bad (➛ Seite 117).

➟ Vertrauen ist gut, Kontrolle ist besser. Das mag für andere stimmen, aber nicht für Sie. Kontrolle setzt immer voraus, dass Sie im Geheimen annehmen, Ihr Vertrauen würde enttäuscht. Fühlt sich Ihr Sohn kontrolliert, kann das seinerseits zu einem Vertrauensbruch führen. Spionieren Sie Ihrem Sohn nicht hinterher. Kontrollieren Sie weder seine Taschen noch seine Kleider. Belauschen Sie nicht seine Telefongespräche. Und: Falls Sie vermuten, dass er eine Freundin hat, müssen Sie Ihre Neugierde unbedingt zügeln, bis er von selbst darüber spricht oder Ihnen das Mädchen vorstellt.

Hausarbeit – keine Diskussion

Es gibt auch für die coolsten Jungen und Männer keine Ausrede: Hausarbeit ist nicht nur Frauensache. Die immer wieder gerne angeführten linken Hände sind nur eine Schutzbehauptung. Denn ein Mann ohne Erfahrung mit Hausarbeit kann diese auch nicht beurteilen. Doch weitaus folgenschwerer ist seine Unselbstständigkeit im Haushalt. Was immer auch im Haus getan werden muss, er braucht dazu meist weibliche Helfer. Und die nutzt er (aus).
Das ist zuerst die Mutter, die den kleinen Mann allzu fürsorglich ver- und umsorgt. Und wenn er endlich auszieht, wird er sich umgehend eine Partnerin suchen, die diese Aufgaben übernimmt. Und dagegen können Sie als Mutter etwas tun.

Wie beteiligt man einen Jungen an der Hausarbeit?

Der später oft so verhasste Abwasch ist für Kinder lange Zeit das größte Vergnügen.

Kleine Kinder, die gerade krabbeln können, folgen meist ihrer Mutter auf Schritt und Tritt. Werden die Betten gemacht, bewegt sich das Kind im Schlafzimmer. Und weil Kleinkinder sehr neugierig sind, fassen sie alles an, was sie erreichen können. In der Küche spielen sie mit wachsender Begeisterung mit Töpfen und Deckeln, Plastikschüsseln und Rührlöffeln, Bohnen und Nudeln. Nutzen Sie diese Neugierde aus. Fordern Sie Ihren Junior zur »Hilfe« und Mitarbeit auf. Es gibt viele Dinge, die kleine Kinder ihrem Alter entsprechend »erledigen« können.
Jungen wie Mädchen backen beispielsweise leidenschaftlich gern Plätzchen. Dabei machen auch schon Dreijährige mit. Der Teig ersetzt ihnen das gewohnte Knetgummi. Oder sie helfen beim Zubereiten einfacher Speisen wie Puddings oder Quarkspeisen. Es kommt zuerst gar nicht darauf an, ob das Produkt auch essbar ist. Wenn Sie Salat waschen und rupfen, treten Sie ein paar Blätter, die

eigentlich im Abfall landen würden, an Ihr Kind ab. Es wird eifrig versuchen, Ihre Arbeit nachzuahmen, indem es sozusagen seinen eigenen »Salat« kreiert. Fünfjährige können schon am Herd helfen, den Milchreis rühren oder eine Fertigsuppe »kochen«. Sie waschen auch leidenschaftlich gern Geschirr ab, vorausgesetzt, Mutter und Vater lassen das zu und können darüber hinwegsehen, dass nicht jeder Teller blitzt wie gewohnt oder einmal etwas zu Bruch geht. Tisch decken, Besteck an die richtigen Stellen legen, dekorieren ... es gibt viele Einsatzgebiete für die jungen Helfer.

Bei diesen Küchenarbeiten helfen Jungs gern:

- Gemüse waschen, putzen und klein schneiden
- Obst für Obstsalat zubereiten
- Käse zerteilen oder reiben
- Sahne und Eischnee schlagen (mit dem Rührgerät)
- Eis aus Obstsäften machen
- Erdbeeren und Johannisbeeren pflücken
- Grillen von Würstchen oder Fleisch
- Gemüsesuppe kochen

Zum Helfen ermutigen

Wichtig ist: Was immer Ihr kleiner Sohn tun möchte, freuen Sie sich über seine Bereitschaft zu helfen. Nur wenn ihn die Aufgabe überfordert, sollten Sie ihm eine andere Tätigkeit vorschlagen. Bemerkungen wie: »Das schaffst du doch nie« oder: »Lass das, ich kann das besser« kränken sein Selbstbewusstsein. Machen Sie Ihrem Kind Mut, loben Sie es und unterstützen Sie sein Interesse durch sichtbare Freude. In kritischen Situationen oder wenn es nicht so recht klappen will, sollten Sie Teamgeist zeigen und Ihrerseits Hilfe anbieten oder beherzt einbringen.

Der Einfluss der Väter

Klar, Väter gibt es. Aber die richtigen Väter gibt es nur selten. Der durchschnittliche Vater lässt sich zu Hause, also bei seinem Sohn, nur selten blicken. Er arbeitet, steckt im Stress seines Berufs, macht gern und viele Überstunden oder hat andere wichtige Verpflichtungen. In der Regel wird von ihm auch nur erwartet, dass er das nötige Geld nach Hause bringt und sich um die männlichen Jobs in der Familie kümmert. Hausarbeit und Kindererziehung sind üblicherweise – noch immer – Frauensache.

Richtige Väter sind selten. Doch was ist überhaupt ein richtiger Vater? Hierfür gibt es keine Normen.

Die vaterlose Gesellschaft?

Bereits vor fast 30 Jahren warnte Alexander Mitscherlich vor der vaterlosen Gesellschaft. Damals schufteten die Väter 48 Stunden pro Woche und machten dazu noch jede Menge Überstunden – mehr als heute. Doch noch immer gibt es viele Familienväter, die zu viel arbeiten (müssen), nur wollen sie heutzutage gleichzeitig ihre Freizeit genießen. Und dass Freizeit auch Familienzeit ist, wollen oder können viele jedoch nicht wahrhaben.
Aber es gibt noch andere Gründe, warum Väter die Erziehung lieber den Müttern überlassen: Die Frauen sind stärker geworden, haben mehr Selbstbewusstsein als zu Mitscherlichs Zeiten. Sie haben gelernt, sich durchzusetzen – sie haben sich emanzipiert. Manche darüber verunsicherte Väter fliehen aus dem vermeintlichen Herrschaftskreis der Frau. Sie ziehen sich zurück, weil sie der Mutter ihres Sohnes nicht widersprechen wollen, weil ihre Meinung ungehört abgetan wird oder weil sie sich selbst nicht erwachsen genug fühlen, um Erziehungsverantwortung zu übernehmen.
Natürlich gibt es auch andere Väter, solche, die sich für ihre Kinder engagieren und Zeit nehmen. Erfreulich ist, dass diese Gruppe immer größer wird.

Glaubwürdigkeit und Vorbildfunktion

Der Einfluss der Väter hängt in der Regel sehr stark von ihrer Glaubwürdigkeit ab. Vermitteln sie den Eindruck, dass sie es ehrlich und gut mit ihren Söhnen meinen, dann akzeptieren die Söhne meist auch väterliche Anweisungen und Hilfen, der Einfluss hat eine positive Basis. Väter, die ihren Söhnen dagegen nicht glaubwürdig erscheinen, beeinflussen das Verhalten der Söhne oft dahingehend, dass sie eine Gegenreaktion hervorrufen. Kritisiert beispielsweise ein Vater die Unordnung im Zimmer seines Sohnes, so kann sein Einfluss bewirken, dass der Sohn aufräumt. Spürt der Sohn, dass sein Vater nicht viel von ihm hält, dann wird die Kritik als unberechtigt oder als Schikane aufgefasst. Der Junge wird deshalb vermutlich mit Absicht nicht aufräumen.

Neuere Studien belegen: Väter (gerade wenn sie häufig abwesend sind oder die Eltern getrennt leben) haben mehr positiven wie negativen Einfluss auf die Erziehung ihrer Söhne als Mütter.

Väter kleiner Söhne müssen meist nicht viel erklären, um verstanden zu werden. Es genügen in den meisten Fällen ein paar Worte, um die Meinung von Sohnemann nachhaltig zu beeinflussen. Doch viele Väter sind sich dieser Tatsache und ihres großen Einflusses überhaupt nicht bewusst. Denn auch das, was Sie unbedacht dahersagen, wird Ihren Sohn beeinflussen und sein zukünftiges Verhalten prägen. Unüberlegte Äußerungen, z. B. über andere Menschen, Ausländer, den Chef, die Lehrerin etc., können darum noch jahrelange Nachwirkungen haben. Ebenso tief wurzelt auch positiver Einfluss. Väter, die ihren Söhnen vermitteln wollen, wie man hilfsbereit, zuvorkommend, zärtlich und höflich ist, müssen gar nicht viel erziehen. Sie müssen nur für ihren Sohn sichtbar diese Tugenden und Eigenschaften immer wieder neu selbst praktizieren.

Jungen übernehmen in der Regel kritiklos viele Eigenarten ihrer Väter. Grimassen, Augenaufschlag, Gestik und Bewegungsabläufe werden kopiert und für alle Zeiten einprogrammiert.

Was Väter tun können

➞ Nehmen Sie Ihre Rechte als Vater wahr. Lassen Sie sich nicht abdrängen, weil Sie ein Mann sind und deshalb vom Umgang mit (kleinen) Kindern keine Ahnung haben dürfen. Und weil Sie sich um Ihr Kind kümmern, sind Sie noch lange kein Softie.

➞ Auch wenn Sie nicht genau wissen, was einen guten Vater ausmacht, zunächst zählt allein, dass Sie versuchen wollen, einer zu sein. Wenn Sie sich noch erinnern können, wie das war, als Sie selbst ein Junge waren, haben Sie schon den ersten Schritt in die richtige Richtung getan.

➞ Was haben Sie an Ihrem Vater gemocht? War es nicht herrlich, als er mit Ihnen herumtollte? War es nicht schön, eng neben dem Vater am Lagerfeuer zu sitzen und erfundenen und wahren Geschichten zuzuhören. Auch wenn es vielleicht nicht viele solche Erlebnisse gibt – die Erinnerungen daran sind unauslöschlich.

Was einen guten Vater ausmacht

➞ Sie brauchen nur die Spiele und die kleinen und großen Abenteuer, an die Sie sich selbst gerne erinnern, mit Ihrem Sohn zu wiederholen. Wenn Sie etwas selbst nicht erlebt und Ihre Freunde genau darum beneidet haben, dann haben Sie jetzt die beste Gelegenheit, es nachzuholen.

➞ Sind Sie handwerklich geschickt, dann setzen Sie dies ein: Basteln Sie mit Ihrem Sohn beispielsweise einen Bogen oder zimmern Sie mit ihm ein Baumhaus, wenn Garten und ein geeigneter Baum zur Verfügung stehen. Wenn Sie so etwas noch nie gemacht haben, dann probieren Sie es trotzdem. Sie können gemeinsam mit Ihrem Sohn diese Fähigkeiten erlernen. Er wird stolz auf Sie sein und sich noch mehr freuen, wenn Sie dann das Bogenschießen mit ihm üben oder die erste Nacht mit ihm im Baumhaus verbringen.

Die Aufklärung eines Jungen ist die Sache des Vaters oder eines anderen vertrauten Mannes. Wie Sie dabei am besten vorgehen, können Sie auf den Seiten 127 bis 129 nachlesen.

➟ Der kleinere Sohn ist schon zufrieden und jauchzt vor Begeisterung, wenn sein Papa auf allen vieren durch die Wohnung krabbelt und das Pferd spielt, auf dem der Kleine reiten kann. Oder wenn er mit ihm Türme baut, die so hoch wie Schränke sind.

➟ Auch scheinbar »unsinnige« Spiele lösen Begeisterung in den kleinen Männern aus. Wie lustig kann z. B. an einem heißen Sommertag ein Spiel mit wassergefüllten Luftballons sein.

➟ Seien Sie für Ihren Sohn sein Verbündeter und Vertrauter. Hat er Kummer, Geheimnisse oder Fragen, womit er sich zu niemandem anders gehen traut, soll er damit immer zu Ihnen kommen können.

Und wenn Sie gar nicht wissen, was Sie mit Ihrem Sohn tun könnten: Fragen Sie ihn, er weiß es bestimmt.

➟ Verhalten Sie sich gegenüber der Mutter des Sohnes und anderen Frauen positiv. Äußern Sie sich nicht abfällig über das andere Geschlecht. Erzählen Sie keine Witze auf Kosten von Frauen.

➟ Erklären Sie Ihrem Sohn, wie man mit Frauen zuvorkommend umgeht. Zeigen Sie ihm, dass auch Männer liebevoll und zärtlich sein können.

➟ Erklären Sie Ihrem Sohn auch, warum Mädchen und Frauen anders sind als Jungen und Männer. Erklären Sie ihm, dass diese Un-

Wenn mein Vater mit mir geht

Wenn mein Vater mit mir geht, dann hat alles einen Namen.
Vogel, Falter, Baum und Blume.
Wenn mein Vater mit mir geht,
ist die Erde nicht mehr stumm.
Kommt die Nacht und kommt das Dunkel,
zeigt mein Vater mir die Sterne.
Er weiß, wie die Menschen leben,
weiß, was recht und unrecht ist,
sagt mir, wie ich werden soll. *Josef Guggenmos*

terschiede wichtig sind und dass es keinen Grund gibt, Mädchen und Frauen schlechter zu bewerten als Jungen und Männer.

➞ Machen Sie Ihrem Sohn klar, dass Mädchen und Frauen oft körperlich schwächer sind als Jungen und Männer, dass sie deshalb aber nicht weniger wert sind.

➞ Wenn Sie geschieden sind oder getrennt von Ihrer Partnerin leben: Zwingen Sie sich zu einem fairen Umgang mit der Mutter Ihres Sohnes. Machen Sie sie nicht schlecht vor dem Jungen. Eine solche negative Beeinflussung untergräbt sein Verhältnis zur Mutter, das elementare Bedeutung für den Jungen hat.

Intakte Elternschaft trotz gestörter Partnerschaft kann für kleine wie große Jungs lebenswichtig sein.

Wenn Mütter den Vater ersetzen

Immer mehr Mütter müssen ihren Sohn völlig oder zeitweise ohne den Vater erziehen. Das kann unter Umständen zu Konflikten und Problemen führen, die lebenslange Auswirkungen haben. Jungen wollen sich, ebenso wie Mädchen, mit ihrer Geschlechterrolle identifizieren. Das können zwar auch Mütter theoretisch initiieren, aber in der Praxis sind sie für die Jungen nicht akzeptabel. Das heißt: Alles, was männlich ist und der kleine Knirps als männlich verinnerlichen soll, kann Mama nicht richtig, das kann nur der Papa. Dabei spielt es nur eine untergeordnete Rolle, ob es sich um den leiblichen oder einen sozialen Vater handelt. Allein erziehende Mütter sind also gut beraten, bei bestimmten »männlichen« Angelegenheiten einen Mann zu Hilfe zu holen.

Es gibt jedoch auch Bereiche, in denen Mütter sehr wohl einen Mann ersetzen können. Beispielsweise können auch Mütter mit den Söhnen raufen oder kleine und große Abenteuer bestehen. Das kann auch für sie selbst eine bedeutsame Erfahrung sein und zum besseren Verständnis der männlichen Psyche – und damit zu einem besseren Verhältnis zu ihrem Sohn – beitragen.

Vorsicht beim Umgang mit dem Ex-Partner

Vermeiden Sie in jedem Fall, Ihren Sohn als Waffe gegen Ihren früheren Partner zu benutzen. Jungen ergreifen instinktiv, und ohne auf Recht oder Unrecht zu achten, Partei für den Vater, wenn sie spüren, dass die Mutter dem Vater schaden will. Ihr männlicher Stolz wird dadurch verletzt. Zwingen Sie sich deshalb zu einem höflichen Umgang mit Ihrem Ex-Partner. Ihr Sohn würde darunter leiden, wenn der Vater wegen der Streitigkeiten die Verbindung beendet. Bedenken Sie: Sie haben Ihren Partner mit der Trennung verloren, Ihr Sohn aber nicht seinen Vater.

Einflüsse der Freunde

Der erste eigene Freund

Etwa im Grundschulalter entdeckt jeder Junge, wie toll es ist, eigene Freunde – oder genauer gesagt, meist einen eigenen Freund – zu haben. Diese erste Jungenfreundschaft scheint zeitweise wichtiger als Mutter und Vater zu sein. Ja, sogar das Essen wird nebensächlich, wenn der Freund vor der Tür wartet. Der Junge lässt die Gabel fallen, springt auf und stürzt davon.

Viele Eltern registrieren diese begeisterte Zuwendung ihres Sprösslings zu gleichaltrigen Jungen mit Sorge. Sie befürchten, dass sie an Einfluss verlieren. Jedes neue Wort, vor allem Schimpfworte, und Kraftausdrücke wie »echt cool«, »geil« oder »krass ey«, hören sie mit Befremden. Sie argwöhnen, dass ihr Kind unter dem Einfluss des Freundes in eine falsche Richtung driftet. Irgendwann reicht es dann manchen Eltern, und sie verbieten die Freundschaft einfach, ohne sich darüber im Klaren zu sein, was sie damit bei ihrem Sohn möglicherweise anrichten.

Der mütterlichen Obhut entkommen

Der Ausflug des Jungen in der Gesellschaft eines Gleichaltrigen ist nichts anderes als ein erster Ausbruchversuch aus der heilen Welt der Familie. Mit einem Freund ist man nicht länger allein, man muss deshalb nicht mehr wie Hänschenklein reumütig aus der fremden Welt in Mutters Obhut zurückkehren. Dabei spielt es keine Rolle, ob die Streifzüge der Freunde nur um den nächsten Häuserblock oder durch das Waldstück am Stadtrand führen.

Auch wenn es vielleicht schwer fällt: Lassen Sie Ihren Sohnemann ziehen ...

Mit ihrem Freund gehen Jungen durch dick und dünn. Freunde beschützen sich vor Feinden und Gefahren, Freunde teilen sich das letzte Brot, Freunde sind unzertrennlich. Und mit einem Freund kann der Sohn seiner Mutter zeigen: »Ich komme ohne dich zurecht.« Jedes überstandene Abenteuer qualifiziert ihn dafür, dass er sich ohne die Hilfe der Mutter zurechtfinden kann. Es macht ihn selbstsicher und erfahrener.

Mütter und Väter sollten deshalb behutsam und einfühlsam mit der ersten Freundschaft ihres Sohnes umgehen. Selbstverständlich kommt es zu Einflüssen, schlechten wie guten. Die schlechten fallen nur deutlicher auf. Meist sind es die Mütter, die den schlechten Umgang überbewerten.

Väter halten sich oft zurück – möglicherweise wissen sie aus eigener Erfahrung, wie das mit den Freunden in ihrer Jugend war. Meist waren die Freunde den Eltern nicht gut genug, weil sie in einem anrüchigen Stadtviertel wohnten oder in der Schule keine Musterknaben waren. Deshalb verdarben auch früher schon viele Eltern ihren Söhnen diese so wichtige erste Freundschaft.

So sollten Sie auf den Freund reagieren

➡ Sagen Sie Ihrem Sohn, dass Sie es schön finden, dass er einen Freund hat. Ermuntern Sie ihn dazu, den Freund einzuladen. Dann können Sie sich Ihre Meinung über den Jungen bilden und sind nicht auf Vermutungen angewiesen.

→ Begegnen Sie dem Freund Ihres Jungen mit Offenheit und Vertrauen. Je selbstverständlicher Sie mit ihm umgehen, umso weniger wird er sich verstellen.

→ Nehmen Sie Verabredungen ernst, die Ihr Junge mit seinem Freund trifft. Wenn Sie es einrichten können, sollten die beiden miteinander spielen können.

→ Wenn Ihr Sohn nur noch mit dem Freund zusammen sein möchte, brauchen Sie deshalb nicht zu befürchten, dass Sie jetzt abgeschrieben sind. Freuen Sie sich lieber darüber, dass er in einigen Bereichen nicht mehr Ihre Begleitung braucht und dass ihm die Entdeckung seiner Umgebung Spaß macht. Solange Ihr Sohn Ihnen erzählt, was er mit dem Freund erlebt hat, müssen Sie sich keine Sorgen machen.

Der unpassende Freund

Greifen Sie nicht gleich ein, wenn Ihr Sohn einen Jungen zum Freund auserwählt, der Ihnen unsympathisch ist. Wägen Sie ab, ob sich Ihre Gegenwehr lohnt. Was ist, wenn der nächste Freund noch unsympathischer ist? Und schließlich müssen nicht Sie mit dem Freund zurechtkommen, sondern Ihr Sohn.

Verinnerlichen Sie drei Regeln:

1. Genau hinsehen! Urteilen Sie nicht gleich nach Ihrem ersten Eindruck. Nehmen Sie sich Zeit, um den Freund Ihres Sohnes kennen zu lernen.
2. Unterscheiden! Differenzieren Sie: Ist es wichtiger, dass Ihr Sohn ein paar Kraftausdrücke erst später lernt oder dass er gemeinsam mit seinem Freund versucht, die Welt zu erleben?
3. Loslassen! Auch wenn es schwer fällt: Irgendwann wird jeder Sohn seine Eltern verlassen. Jetzt kommt er noch zurück. Wenn er das trainiert und nach seinen Ausflügen immer wieder willkommen ist, wird er es auch später so beibehalten.

Die meisten Jungen können echte Freundschaften schließen. Viele Männer dagegen haben keine echten Freunde, lediglich Kumpel und Komplizen.

➟ Wenn Sie den Eindruck haben, dass Ihr Sohn in die Abhängigkeit des Freundes gerät und dass er durch ihn manipuliert wird, sprechen Sie mit Ihrem Sohn darüber. Fragen Sie ihn, wie er sich dabei fühlt und ob er nicht auch mal gern bestimmen möchte. Erklären Sie ihm, dass Freundschaft nicht bedeutet, dass man dem Freund in jeder Hinsicht ergeben ist. Aber hüten Sie sich davor, die Freundschaft schlecht zu machen. Überreden Sie Ihren Jungen nicht, die Freundschaft aufzugeben. Das käme – in den Augen Ihres Sohnes – einem Verrat gleich, und Verrat ist das schlimmste Vergehen in einer Jungenfreundschaft.

➟ Wenn Ihr Sohn sich die Freundschaft mit Diensten, Geld oder kleinen Geschenken erkauft, sollten Sie mit ihm darüber reden, welchen Sinn diese Freundschaft hat, und ihn zu einem anderen Verhalten ermuntern. Sprechen Sie auch mit dem Freund Ihres Sohnes darüber.

Die Freundesclique

Freundschaften von Jungen im pubertären Alter können genauso harmlos sein wie im Grundschulalter. Dicke Freunde zu sein ist schließlich nicht an ein Alter gebunden. Meist bilden Jugendliche jedoch mehr oder weniger lose Gruppen. Denn so eine Gruppe erfüllt das Bedürfnis vieler Jungen, unter sich zu sein. Wer zu solch einer Clique gehört, hat einen bestimmten Status innerhalb der Gruppe. Jugendliche bezeichnen die Mitglieder der Clique als ihre Freunde, was auch tatsächlich der Fall sein kann. Ist die Struktur innerhalb der Gruppe jedoch hierarchisch gegliedert, haben die Mitglieder untereinander ein eher kameradschaftliches oder von Abhängigkeiten geprägtes Verhältnis. Meist gibt es einen Anführer, der das Sagen hat.

Viele Eltern sehen es nicht gern, wenn ihre Kinder intensiven

Kontakt zu einer Gruppe pflegen. Sie kennen die Mitglieder der Clique nicht. Sie können auch kaum kontrollieren, was die Jungen alles gemeinsam unternehmen. Sie fürchten, dass sich der Einfluss der Gruppe negativ auf ihren Sohn auswirkt.

Die Ängste dieser Eltern sind verständlich. Aus harmlosen Gruppierungen können Banden und Gangs entstehen. Statt über Schule, Mädchen oder Musik zu reden, könnten die Jugendlichen ebenso gut auch Passanten anpöbeln oder Klamotten klauen.

Die Sorge, dass aus einer bislang harmlosen Gruppe sozusagen über Nacht eine kriminelle Bande wird, ist allerdings unberechtigt. Eltern sollten die Clique nicht ständig kontrollieren, aber durchaus im Auge behalten, wie sich ihr Sohn entwickelt und welche Funktion er in der Gruppe hat.

Wenn Ihr Sohn Ihnen darüber keine Auskunft geben will, aber auch kein Ehrenwort darüber abgibt, dass er und die anderen nichts anstellen, dann sollten Sie einen Weg finden, die Zusammenkünfte irgendwie zu beobachten. Auf keinen Fall sollten Sie aber einfach in die Gruppe platzen und Ihren Sohn zur Rede stellen. Das würde ihn vor den Freunden demütigen. Und auf keinen Fall sollten Sie vorschnell das Schlechteste annehmen. Aber Sie sollten durchaus wachsam bleiben: Gerade in den Großstädten rutschen Jugendbanden immer wieder ins kriminelle Milieu hinein. Aber machen Sie sich nicht zu viel Sorgen: Nicht jeder Junge ist anfällig für eine solche Gruppe.

Die ersten Freundschaften sind ein wichtiger Schritt Ihres Sohnes auf dem Weg zur Selbstständigkeit.

Fernsehen, Zeitschriften, Werbung

Je älter Ihr Sohn wird, umso mehr werden Sie auch feststellen, dass er von vielen unterschiedlichen

Einflüssen geprägt wird. Wenn es sich um Menschen handelt, die diesen Einfluss ausüben, dann können Sie vorausschauend agieren. Beispielsweise, indem Sie ihn bei der Auswahl seiner Spielkameraden positiv beeinflussen. Sie können – aber bitte unauffällig für Ihren Sohn – seine Kontakte lenken. Dieser Filter ist vor allem in frühen Jahren wichtig, wenn Sie Ihren Sohn noch mehr behüten müssen. Doch der beste Filter nützt Ihnen nichts, wenn Sie nicht einen der größten Einflussnehmer im Griff haben, der sich mitten

Mögliche Voraussetzungen für eine Bandenkarriere

Wenn für Ihren Sohn mehrere der nachfolgenden Punkte zutreffen, muss das nicht gleich heißen, dass er auf die schiefe Bahn gerät. Damit es so weit kommt, muss schon ziemlich viel schief gehen!

- ➞ Ein fehlender oder erziehungsunbeteiligter Vater
- ➞ Ein verständnisloser, nörgelnder, rigider, gewalttätiger Vater
- ➞ Starker Leistungsdruck ohne Hilfestellung
- ➞ Gewichtige Differenzen mit dem Vater und/oder der Mutter
- ➞ Keine gemeinsamen regelmäßigen Mahlzeiten mit zumindest einem Elternteil
- ➞ Mangelnde Betreuung im Kindergartenalter
- ➞ Enge Wohnverhältnisse, z. B. kein eigenes Zimmer
- ➞ Fehlendes kindgerechtes Umfeld, z. B. keine Spielmöglichkeiten
- ➞ Ständige Interessenlosigkeit, Antriebslosigkeit, Null-Bock-Stimmung
- ➞ Perspektivenlose oder lieblose Familiensituation (Trennung oder Scheidung der Eltern, Gewalttätigkeit des Vaters oder der Mutter, ständig wechselnde Partner des erziehenden Elternteils, Alkoholprobleme der Eltern)

in Ihrer Wohnung befindet: der Fernseher. Empfehlenswert sind deshalb Fernsehapparate mit einer Sicherungseinrichtung. Kinder können sie nicht selbsttätig einschalten, und wenn, dann sehen sie ein vorwählbares Programm. Die Anschaffung eines solchen Gerätes ist in jedem Fall zu empfehlen. Es erspart oder vermindert endlose Debatten, Machtkämpfe und Streitigkeiten.

Der eigene Fernseher

Auch wenn es heute scheinbar üblich ist, dass in vielen Kinderzimmern ein Fernseher steht, sollten Sie dies anders handhaben. Sicher, irgendwann ist Ihr Sohn alt genug, um für seinen Fernsehabend eine eigene Auswahl zu treffen. Aber muss es deshalb gleich ein eigener Apparat sein? Lassen Sie sich nicht erpressen, wenn Ihr Sohn anführt, dass seine Klassenkameraden schon längst einen eigenen Fernseher haben. Auch wenn sie es abstreiten: Kaum einer der jugendlichen Zuschauer ist wirklich fähig, den Einfluss des Fernsehens einzuschätzen. Selbst Erwachsene haben damit Schwierigkeiten. Und die Fernsehinhalte? Man müsste sicher kein Wort darüber verlieren, gäbe es nur die Sesamstraße, Siebenstein oder Löwenzahn. Doch es gibt nachgewiesene Zusammenhänge zwischen Fernsehkonsum und übergewichtigen Jungen, kontaktarmen Jungen, gewalttätigen Jungen und leistungsschwachen Jungen!

Beachten Sie, dass freier Fernsehkonsum zur Erhöhung der Gewaltbereitschaft bei Jugendlichen führen kann (→ Seite 56).

Eingeschränkter, kontrollierter Fernsehkonsum muss nicht heißen, dass das Leben an Ihrem Sohn vorüberzieht und dass er zum Außenseiter wird. Viel wichtiger als das Fernsehen zu konsumieren ist, richtig mit ihm umzugehen. Ein solcher verantwortungsvoller Umgang ist erlernbar, und hier ist Ihr gutes Beispiel gefordert. Wenn Sie sich von der Werbung berieseln lassen, dürfen Sie sich nicht darüber wundern, dass auch Ihr Sohn bei der Werbung nicht abschaltet. Mit brutalen Actionfilmen und Szenen verhält es sich ähnlich.

Bewusst fernsehen lernen

Doch es ist nicht der Konsum allein. Ihr Kind orientiert sich auch daran, wie Sie mit den Botschaften aus dem Fernsehen umgehen. Diskutieren Sie über Filme, Reportagen oder Dokumentarstücke, dann haben Sie einen Schritt in die richtige Richtung getan. Vermeiden Sie, das Fernsehen als Unterhalter, Kindermädchen oder Aufputschmittel zu betrachten. Wenn Ihr Kind das Fernsehen braucht, weil es ihm langweilig ist, wissen Sie, dass Sie langweilig sind. Bringen Sie deshalb mehr Schwung und Abwechslung in Ihren Alltag.

Wer das Heimkommen mit dem Einschalten des TV gleichsetzt, muss sich nicht wundern, wenn die Kinder den Serienhelden besser kennen als den Vater.

Wenn Sie sich schon beim Lesen des Fernsehprogramms fachkundig machen, Ihre Meinung äußern und darüber nachdenken, ob die Beiträge für Sie wichtig sind, tun Sie den zweiten Schritt in die richtige Richtung. Nicht das (ungerechte) generelle Fernsehverbot verringert den Fernsehkonsum, sondern die selbstverantwortliche Selektion. Bieten Sie Vorschulkindern maximal zwei bis drei Sendungen pro Woche (nicht jeden Tag!) zur Auswahl an. Schulkinder dürfen drei bis vier Sendungen sehen. Ab zwölf Jahren können Sie Ihren Sohn dann auch mehr sehen lassen. Wichtig ist nur, dass er nicht wahllos ein- und umschaltet. Achten Sie auch darauf, dass er darüber nicht seinen normalen Alltag, seine Spiele und Freunde vernachlässigt.

Zeitschriften und Illustrierte

Der Umgang mit Jugendzeitschriften oder Illustrierten ist mit dem Fernsehkonsum vergleichbar. Die bunten Blätter verfolgen in erster Linie nicht die Absicht, den Jugendlichen bei der Bewältigung ihrer Probleme zu helfen, sondern es geht um Verkaufszahlen und Werbeeinnahmen.

Die faszinierende Bilderwelt des Fernsehens – ein unwiderstehlicher Reiz für Kinder!

Wie das Fernsehen huldigen sie der Action, den Sensationen, allem Un- und Außergewöhnlichen. Dagegen wirkt der Alltag der Jungen trist und grau. Die Glitzerwelt der Magazine weckt Sehnsüchte in ihnen, die sie sich im Normalfall kaum erfüllen können. Verbieten Sie das Lesen oder Kaufen deshalb aber nicht – es hilft ohnehin nichts. Sie sollten mit Ihrem Sohn lieber darüber diskutieren, ob er die Botschaften der Magazine richtig versteht. Helfen Sie ihm bei der Bewertung von Inhalten und ihrer Umsetzung auf seine Alltagssituation.

Bildungsarbeit in Sachen Männlichkeit

Es gibt noch eine ganze Reihe mehr oder weniger wirksamer Einflüsse, denen Jungen ausgesetzt sind. Ein großer Teil davon ist unabwendbar. Eltern bleibt dabei die Aufgabe, die negativen Einflüsse zu entkräften. Es gibt aber auch viele positive Einflüsse, denen sich ein Junge freiwillig oder auch mit Unterstützung seiner Eltern unterziehen kann. In vielen Städten gibt es beispielsweise pädagogisch geleitete Jugendzentren. Auch die Kirchen betreiben in der Regel eine spezielle Jugendarbeit. Daneben gibt es noch eine Vielzahl von Vereinen, die für Jugendliche geeignet sind, wie die Pfadfinder, Sportvereine, Musikvereine und Naturschutzvereine. Sie alle formulieren in ihren Satzungen auch den Auftrag, Jungen und Mädchen zu helfen, ihre Fähigkeiten zu fördern und ihre Interessen zu lenken.

> Ob Fußballverein oder Knabenchor – hier werden nicht nur Techniken, sondern auch Sozialkompetenz vermittelt.

Diese öffentliche Jugendarbeit lässt die Jungen meist auch auf etwas stoßen, was im Alltag relativ selten ist: auf Männer, die neben der Bildungsarbeit auch männliche Interessen vertreten. Das macht sie für Jungen besonders wertvoll, sie können sich mit ihnen identifizieren. Darum wirken die Leiter von Jugendgruppen

– mitunter ohne es zu wissen – als prägende Persönlichkeiten, denen die Jungen nacheifern. Unterstützen Sie das Interesse Ihres Jungen an einer Jugendgruppe. Er wird dort möglicherweise einen Betreuer kennen lernen, der ihm ein positives Gefühl für Männlichkeit vermittelt.

Und selbst wenn Sie es noch so gerne hätten, dass Ihr Sohn Judo oder Fußball bevorzugt, akzeptieren Sie seine Entscheidung. Ist Ihr Sohn körperlich sehr umtriebig, kann es aber auch sinnvoll sein, neben einem Powersport noch etwas wie Autogenes Training oder die Teilnahme an einer Computerschule als andere Komponente entgegenzusetzen.

Bei allem Engagement gilt: Verplanen Sie die Zeit Ihrer Kinder nicht total. Es muss auch echte Freizeit geben.

Bei allen positiven Aspekten, die das Engagement Ihres Kindes in Vereinen, Fördergruppen und Arbeitsgemeinschaften mit sich bringt, sollten Sie darauf achten, dass noch echte, also frei verfügbare Freizeit übrig bleibt. Jungen, die einen Terminkalender voll gestopft mit Aktivitäten haben, könnten sonst dem gleichen Stress erliegen wie ihre ausgebuchten Väter. Ganz abgesehen davon, dass die Sorge für die Einhaltung der vielen Termine meist den Eltern und ganz speziell den Müttern obliegt. Diese sind dann unter anderem damit ausgelastet, ihr Kind hin und her zu chauffieren. Das kann ganz schnell dazu führen, dass sich bei allen Beteiligten Frustration breit macht. Ein Terminplan mit großen Lücken dagegen lässt Raum für spontane Aktivitäten und Muse für Kreativität. Wenn Kinder und Jugendliche älter werden, können sie ihre Aktivitäten mehr und mehr selbst koordinieren und vorbereiten. Dann können sie auch die Wege mit dem Rad, öffentlichen Verkehrsmitteln oder zu Fuß zurücklegen. Der sich entwickelnden Männlichkeit schadet es übrigens auch nicht, dass die Jungen beispielsweise ihr Trainingszeug selbst packen und nach der Ankunft zu Hause nicht der Mutter vor die Füße werfen. Für den Sohnemann ist das zwar sehr bequem, aber es führt letztlich dazu, dass er das Zuhause als »Hotel Mama« zweckentfremden könnte.

Die Entwicklung von Körper und Seele

Auf dem Weg zum Erwachsenwerden gibt es viele Umwege, Fallstricke, Stolpersteine und Prüfungen. Anders als Mädchen geraten Jungen viel häufiger in Schwierigkeiten und müssen sich öfter in rauem Fahrwasser beweisen. In Phasen, in denen ihnen ihr erhöhter Hormonpegel zu schaffen macht, finden sie oft wenig Verständnis. Unsere Gesellschaft erwartet außerdem häufig mehr von den Jungen, als sie zu geben imstande sind. Damit Sie Ihrem Sohn bei der Bewältigung dieser Schwierigkeiten helfen können, müssen Sie wissen, wie sich sein Körper und seine Seele entwickeln.

Es gibt keinen »Elternführerschein«

Wer ein Auto fahren möchte, muss eine Fahrprüfung absolvieren. Ähnlich verhält es sich mit dem Fliegen von Flugzeugen, dem Steuern von Booten oder dem Jagen und Angeln. Aber: Wer ein Kind großzieht, muss keine Prüfung ablegen. Mutter und Vater darf (oder muss) man auch ohne Nachweis von Elternqualitäten sein – das Kinderkriegen ist ja schließlich eine »natürliche« Angelegenheit.

Wären wir Tiere, dann wäre die These von der naturgegebenen Elternkompetenz durchaus richtig. Wir leben jedoch in einer weitgehend konstruierten und sozial-kulturell geprägten Welt, in der Natur und Natürlichkeit sehr stark zurückgedrängt oder nicht mehr zugelassen sind. Deshalb wachsen unsere Kinder keineswegs so selbstverständlich auf wie etwa junge Katzen. Wir müssen sie so tüchtig machen, dass sie sich in dieser Welt zurechtfinden und ihr Leben kreativ, sinnvoll und verantwortlich leben können.

In Erziehungsberatungsstellen werden doppelt so viele Jungen wie Mädchen vorgestellt.

Die drei Stadien der Entwicklung

Erziehung ist keine leichte Aufgabe, wie wir immer wieder feststellen müssen. Um sie dennoch möglichst gut bewältigen zu können, sollten wir wissen, wie sich unser Kind entwickelt. Bei Jungen vollzieht sich diese Entwicklung in drei Stadien: Das erste Stadium reicht von der Geburt bis zum sechsten Lebensjahr, das zweite umfasst die Zeit zwischen 6 und 13 Jahren, das dritte Stadium ist die Zeit von 14 Jahren bis zum Erwachsenenalter.

Das Hormon Prolaktin ist vornehmlich für die Milchbildung in der Brust verantwortlich, aber es beeinflusst auch die Mütterlichkeit der Frauen. Sie behüten ihr Kind sehr fürsorglich und aufmerksam.

Zärtlichkeit ist lebenswichtig

Wer eine Mutter mit ihrem Baby beobachtet, wird meistens feststellen, dass sie einen sehr engen Kontakt zu ihm hat. Wenn sie spazieren geht, dann fällt ihr Blick immer wieder in den Kinderwagen, forschend, ob das Kleine auch schläft, oder kontrollierend, ob es nicht weint. Wenn sie stillt, ist sie viele Stunden sehr eng mit dem Baby zusammen. Auch später, wenn das Kind krabbeln kann, laufen lernt und langsam die häusliche Welt entdeckt, ist die Mutter in der Regel seine wichtigste Begleiterin. Erst im Kindergartenalter nimmt der Einfluss der Mutter als Beschützerin ab. Ihre Zuneigung und Liebe bleibt jedoch weiterhin vorhanden – im Idealfall ein ganzes Leben lang.

Erste sinnliche Erfahrungen

Eine fürsorgliche Mutter ist zärtlich zu ihrem Baby, sie streichelt es, drückt es an sich, schmust mit ihm. Sie

Während der Stillzeit können Kleinkinder ihre Mutter mit allen Sinnen erfahren.

verschafft ihrem Baby die ersten sinnlichen Erlebnisse, das Kind ertastet ihre nackte Haut, es spürt ihre Wärme. Das Baby lernt seine Mutter nicht nur durch Sehen, sondern mit allen Sinnen kennen: durch Fühlen, Hören, Schmecken und Riechen. Mit Ausnahme des Stillens können selbstverständlich auch Väter eine solch intime Beziehung zu ihrem Kind aufbauen.

Warum Jungen Zärtlichkeit brauchen

Das Bild von der Zärtlichkeit der frühen Jahre ist jedoch getrübt. Aus der Statistik geht hervor, dass viele Jungen im Baby- und Kleinkindalter weniger zärtlich behandelt werden als Mädchen. Der Umgang der Eltern mit männlichen Babys ist rauer und weniger intensiv.

In Familien, in denen Eltern ihre Kinder mit Gewalt erziehen, werden Jungen im Kleinkindalter von ihren Müttern heftiger geschlagen und angeschrien als Mädchen.

Besonders auffallend ist, dass viele Väter mit ihrem kleinen Sohn längst nicht so zärtlich umgehen wie mit ihrer kleinen Tochter. Sie puffen und knuffen ihn, anstatt mit ihm zu schmusen. Diesem Verhalten liegt die Befürchtung zugrunde, der Junge könne durch ein Zuviel an Zärtlichkeit, Liebe und Aufmerksamkeit verwöhnt und verweichlicht werden und später Probleme haben, sich in der »rauen« Welt zurechtzufinden. Damit dies nicht eintritt, sind viele Mütter und Väter eher zurückhaltend zärtlich mit männlichen Babys. Ein folgenschwerer Irrtum.

Denn genau das Gegenteil ist richtig. Zu viel Zuwendung, zu viel Zärtlichkeit, zu viel Sinnlichkeit kann es für Jungen (und selbstverständlich auch für Mädchen) gar nicht geben. Lassen Sie Ihren Jungen diese Zuneigung so oft wie möglich spüren. Je intensiver Ihre Beziehung zu Ihrem Sohn ist, je enger der Körperkontakt ist, umso verständnisvoller und selbstverständlicher wird er später mit Ihnen umgehen. Je mehr Sie ihn »spüren« lassen, umso mehr wird er später zu spüren und empfinden imstande sein und das möglicherweise auch zeigen können.

Fühlen hat etwas mit Gefühl zu tun. Manche Männer werden zu Recht von den Frauen als Gefühlsmuffel abgestempelt. Möglicherweise wird die Saat für diese männliche Unfähigkeit, mit Gefühlen umzugehen, bereits in den frühen Kindertagen gelegt, wenn die Eltern mit Zärtlichkeit geizen, damit aus dem Baby ein »richtiger Mann« wird.

Dass auch ihre Söhne viel Zärtlichkeit brauchen, ist selbst heute vielen Vätern noch nicht bewusst!

Nähe und Distanz

Männliche Babys und Kleinkinder unterscheiden sich in ihrem Verhalten von ebenso alten Mädchen nur geringfügig. Doch je größer der kleine Kerl wird, umso mehr probt er vorübergehende körperliche Distanz zu seinen Eltern. Im Kindergartenalter, wenn der Einfluss der anderen Jungen wirksam wird, kann der kleine Mann seine Mutter sogar brüsk wegstoßen, wenn sie ihm einen zärtlichen Abschiedskuss geben möchte. Doch bei der nächsten Gefahr flüchtet er sich zu ihr und klammert sich an ihre Beine oder klettert auf ihren Schoß – er sucht also Körperkontakt. Besonders arg strapaziert das Kerlchen seine Eltern mit diesem Sowohl-als-auch-Verhalten in der so genannten Trotzphase.

Es kann für Jungen wie für Mädchen niemals zu viel Zärtlichkeit und Zuwendung geben.

Die Phasen zwischen Distanz und Nähe werden immer größer, je selbstständiger, sicherer und stärker der Sohn wird. Der zärtliche Teil Ihres Jungen lernt, sich bei Bedarf sein Quantum zu holen. Doch er bestimmt den Zeitpunkt und wie viel für ihn gerade richtig ist. Er schlüpft morgens noch gern unter Mutters Bettdecke, kuschelt sich an sie und lässt sich den Rücken streicheln. Ein paar Minuten nur, dann versetzt ihn sein innerer kleiner Draufgänger in Aktion und er wehrt Körperkontakt ab wie ein kleiner Kaktus. Diese Ambivalenz hält bis weit in die Grundschulzeit hinein an.

So gehen Sie mit einem Trotzkopf um

- Lassen Sie sich von seinem ungestümen Verhalten nicht irritieren, verlangen Sie kein Entweder-Oder von Ihrem Sohn. Auch wenn er Sie offensichtlich nicht braucht, wenn er mutig seine Umgebung unsicher macht: Sein Geschrei und sein starker Bewegungsdrang sind zur Überwindung bisheriger zum Teil selbstgesteckter Grenzen unbedingt nötig. Mit dem für diese Phase typischen Geräuschpegel macht sich der Trotzkopf übrigens selbst Mut.

Die Trotzphase dient zur Abnabelung von der Mutter. Es ist die erste hör- und spürbare Proklamation von beginnender Selbstständigkeit.

- Sie müssen jedoch nicht alles tolerieren, was sich Ihr Sohn herausnimmt. Erweitern Sie die Grenzen seiner Entwicklung entsprechend. Bringen Sie Ihn dazu, ein Minimum an Regeln zu befolgen. Sie können diese Regeln geschickt in Verträge umsetzen, die Sie mit ihm schließen.
- Seien Sie mit Verboten eher sparsam. Heben Sie sich diese für die gefährlichsten Situationen auf (z. B. für das Spiel

Kleine Verträge schließen

Verbieten Sie Ihrem Sohn beispielsweise nicht, auf die Straße zu gehen, ohne Sie darüber zu informieren. Sagen Sie etwa Folgendes: »Du bist doch jetzt schon ein großer Junge. Meinst du, du schaffst es, daran zu denken, mir zu sagen, dass du auf die Straße gehen möchtest?« Wenn er stolz bejaht: »Also abgemacht, du darfst auf die Straße, wenn du mir das vorher sagst.« Damit beweisen Sie Ihrem Sohn, dass Sie in ihm in dieser Situation einen Partner sehen, dem Sie selbstverständlich vertrauen können (dass er aufpasst), dem Sie auch schon viel zutrauen (nämlich, dass er auf die »gefährliche« Straße gehen kann) und der auch schon ein bisschen Verantwortung übernehmen kann (er soll daran denken, Sie zu informieren).

mit Feuerzeug oder Streichhölzern). Verbote sind ultimativ, Sie dürften demnach keine Übertretung zulassen. Sie müssen also auch ankündigen, was passiert, wenn das Kind Ihr Verbot missachtet. Und im Fall einer Übertretung müssen Sie die Drohung wahr machen, sonst wird Ihr Sohn Sie nicht mehr ernst nehmen.

Der entscheidende Nachteil von Verboten ist, dass Sie selbst einen absolut korrekten Lebenswandel führen müssen. Denn wenn Sie Verbote unbestraft missachten, darf Ihr Sohn das auch.

Ich will ein Mann sein – wie geht das?

Männlich ist alles, was nicht weiblich ist. Mit dieser kurzen Formel könnte ein Junge der ersten Grundschulklasse die Unterschiede der Geschlechter beschreiben, abgesehen von den Geschlechtsteilen, von deren Existenz und Bedeutung er mit sechs Jahren sehr wohl schon viel weiß. Den Unterschied zwischen Mann und Frau zu kennen wird in der Schule besonders wichtig. Denn dort gibt es Jungen, die großen Wert darauf legen. Und mit diesen Jungen möchten alle anderen Jungen mithalten oder konkurrieren. Dies wird auch in den folgenden Jahren nicht sehr viel anders sein. Jungen zwischen sechs und dreizehn Jahren legen großen Wert auf die Betonung alles Männlichen. Was die eigentliche, spätere Männlichkeit einmal ausmachen wird, wissen sie zunächst nicht, sie befinden sich ja gerade auf der Suche danach. Doch jedes Stück Männlichkeit, das sie finden, nehmen sie begierig in sich auf.

Auch wenn die Väter vorher nicht so wichtig waren und nur manchmal gefragt wurden – jetzt sind sie an der Reihe. Jetzt müssen sie dem Nachwuchs zeigen, wie man Pfeil und Bogen bastelt und damit spielt. Väter müssen Fußball spielen, Radtouren machen, auf Abenteuersuche gehen. Was Väter auch tun oder sagen, bei den Jungen im Grundschulalter fallen diese Botschaften auf fruchtbarsten Boden und werden nicht angezweifelt.

Was Väter alles tun können

➟ Erinnern Sie sich daran, was Ihnen als Junge richtig Spaß gemacht hat. Versuchen Sie, diese Abenteuer mit Ihrem Sohn zu wiederholen. Es wird auch Ihnen wieder Freude bereiten, gemeinsam mit Ihrem Sohn diese Erfahrungen zu machen.

➟ Loben Sie die Werke Ihres Sohnes: Bilder, Bastelarbeiten, Schularbeiten usw. Machen Sie sich unbedingt klar: Ihre Anerkennung ist die allerhöchste Auszeichnung, die es für Ihren Sohn geben kann.

Das zweite Entwicklungsstadium umfasst die Zeit zwischen sechs und dreizehn Jahren.

➟ Versuchen Sie zärtlich zu Ihrem Sohn zu sein. Kuscheln Sie mit ihm, umarmen Sie ihn, halten Sie ihn fest und drücken Sie ihn an sich. Zeigen Sie ihm, dass auch diese Seite in Ihnen steckt. Der zärtliche Körperkontakt ist ein Zeichen Ihrer Zuneigung. Dabei sollten Sie jedoch eventuelle Grenzen, die Ihr Sohn aufzeigt, respektieren. Wenn ihm gerade nicht nach Schmusen zumute ist, nehmen Sie ihn einfach zu einem späteren Zeitpunkt in den Arm.

➟ Betreiben Sie zusammen mit Ihrem Sohn Sport. Besonders geeignet sind Sportarten, die auch der Freizeitgestaltung dienen und die man gut zu zweit ausführen kann, z. B. Kanu fahren, Rad fahren, Bergsteigen, Klettern, Kampfsport (Aikido) usw. Regen Sie dabei den Jungen zur Leistungssteigerung an, aber überfordern Sie ihn nicht.

Selbst Gewichtstraining kann Spaß machen – wenn Vater und Sohn dabei ihre Kräfte messen!

➟ Gehen Sie mit gutem Beispiel voran, machen Sie sich im Haushalt nützlich. Das animiert Ihren Sohn, Hausarbeit nicht als Weiberkram abzutun. Kochen Sie ab und zu; so zeigen Sie Ihrem Sohn, dass Männer auch in der Küche etwas »produzieren« können.

➟ Gehen Sie sparsam mit Unternehmungen im kommerziellen Bereich um, auch wenn Sie nur ein Wochenendvater sind. Ihr Sohn lernt durch solche Aktionen vor allem, dass man Freude und Spaß auf Festen, in Freizeitparks und Action-Veranstaltungen kaufen kann. Wenn Sie Ihrem Sohn ständig etwas in der Richtung bieten, verlernt er, seine Fantasie und Kreativität zu nutzen, um Spaß und Freude zu empfinden.

➟ Wenn Ihr Sohn »die Grenzen« überschreitet, sollten Sie Ihn möglichst nicht anschreien und auf keinen Fall schlagen. Üben Sie keinen Druck durch psychische Strafen aus, weichen Sie aber dem Problem auch nicht aus! Vermitteln Sie ihm, was er getan hat, ohne die Situation zu dramatisieren. Beraten Sie gemeinsam, wie er den angerichteten Schaden wieder gutmachen kann. Bewegen Sie ihn durch überzeugende Argumente zur Einsicht.

➟ Wenn sich die Grenzüberschreitung gegen Sie richtet, müssen Sie auf der Einhaltung von Respekt bestehen. Falls Ihr Sohn Ihnen gegenüber handgreiflich wird, sollten Sie aber nicht zurückschlagen, sondern seinen Attacken ausweichen und sie durch gezielte Griffe unterbinden. Tun Sie ihm dabei möglichst nicht weh.

Die Mutter ist nicht abgeschrieben

Das große Interesse der Sechs- bis Zehnjährigen an ihren Vätern heißt aber nicht, dass die Mutter nun abgeschrieben ist. Die Jungen lieben ihre Mama nach wie vor, und sie haben es auch noch gern, wenn sie ab und zu von ihr bemuttert werden (das darf bloß keiner der Freunde sehen). Auf keinen Fall sollte sich die Mutter jetzt zurückziehen, um dem Vater die Erziehung zu überlassen. Das würde dem Jungen signalisieren, dass der Gewinn des Vaters mit dem Verlust der Mutter einhergeht.

Allein erziehende Mütter haben es in diesen Jahren ziemlich schwer. Einerseits möchten sie auch jetzt »Mann genug« sein, um ihren Sohn weiter allein zu erziehen, ande-

Erpressen Sie Ihren Sohn nicht mit dem Entzug von Zuneigung oder Aufmerksamkeit, um ihn zu größeren Leistungen anzuregen.

rerseits sucht der Junge aber aus eigenem Interesse nach einem Vaterersatz und nach Möglichkeiten, Männlichkeit zu erleben. Allein erziehende Mütter sollten deshalb spätestens im Grundschulalter ihres Sprösslings einen Freund, den Bruder oder einen vertrauenswürdigen Kollegen bitten, sich mit ihrem Jungen anzufreunden und sich um ihn zu kümmern.

Neue Männer im Blickfeld

Etwa ab dem zehnten Geburtstag nimmt der Einfluss der Väter allmählich ab. Sie haben Konkurrenz bekommen, denn die Jungen entdecken auf ihrer Suche nach Männlichkeit, dass es noch andere männliche Männer gibt: Trainer im Sportverein, Leiter von kirchlichen oder anderen Jugendgruppen, Führer bei den Pfadfindern usw. Sie haben den Vorteil, dass sie schon allein durch ihre Tätigkeit eine Autorität für die Jungen darstellen, dabei aber zugleich faire Kameraden sind.

Lassen Sie sich nie auf einen Schlagabtausch ein, denn damit erkennen Sie letztlich nur das Faustrecht an.

➟ Wenn Sie feststellen, dass Ihr Sohn von seinem Jugendgruppenleiter oder Trainer begeistert ist, sollten Sie nicht erschrecken. Diese Zuneigung und Begeisterung ist nur verständlich. In ihm sieht Ihr Sohn einen Vermittler für Männlichkeit, wie sie ihm der Vater nicht beibringen kann.

Recht und Unrecht

Jungen entwickeln mit dem Grundschulalter einen ausgeprägten Gerechtigkeitssinn. Wird ein Mitschüler (das kann auch eine Schülerin sein) ungerecht bestraft, dann fühlen sich Jungen »mitbestraft«. Auch Mädchen empfinden so, aber im Gegensatz zu ihnen sagen die meisten Jungen eher, was sie denken. Das bringt ihnen dann häufig den Ruf ein, dass sie sich in alles einmischen. Oft werden sie dafür sogar noch bestraft. Manchmal schließen die Jungen dann daraus, dass es besser ist, seinen Mund zu halten und sein Verhalten zu ändern.

➟ Unterstützen Sie also Ihren Sohn, wenn er Unrecht kritisiert. Hören Sie seinen Argumenten und Schilderungen aufmerksam zu; fragen Sie nach, ob es nicht noch andere Fakten gibt. Manchmal sind Details sehr wichtig. Beraten Sie mit dem Jungen, was jetzt zu tun ist.

➟ Richtet sich die Kritik gegen Sie und ist sie gerechtfertigt, dann sollten Sie Ihren Fehler zugeben. Das gilt insbesondere für Väter! Damit zeigen Sie, dass Sie Ihren Sohn in seinen Empfindungen ernst nehmen.

Eine der wichtigsten und schwierigsten Aufgaben von Eltern besteht darin, den Kindern zur rechten Zeit den jeweils nächsten Ablösungsschritt zu ermöglichen.

Körperbewusstsein und Selbstbewusstsein

»Was uns nicht umbringt, macht uns hart!« Viele Jungen gehen getreu nach diesem Motto sehr rüde mit ihrem Körper um. Sie testen sich in halsbrecherischen Unternehmungen, Schlägereien und so genannten Mutproben auf ihre körperliche Tauglichkeit. Nicht selten tragen sie dabei ernsthafte Blessuren davon. Zu solchen Aktionen treiben sie ihre Zweifel an der Vollkommenheit ihres Körpers. Sie sind noch längst nicht ausgewachsen, die Muskulatur ist noch unvollkommen, und ihre Kräfte sind relativ bescheiden. Sie verlangen aber von sich, dass sie aussehen und sich verhalten wie richtige Männer. Da bleibt keine andere Wahl, als den starken Helden zu spielen. Denn jedes bestandene körperliche Abenteuer lässt ihr Selbstbewusstsein in die Höhe klettern.

Es gibt auch Jungen, die ihren ganzen Ehrgeiz in das Aufbauen von Muskeln, das Bodybuilding stecken. Gegen maßvolles Krafttraining ist nichts einzuwenden, aber nur zu oft wird über das Ziel hinausgeschossen. Und so gleichen viele Bodybuilder mit ihren wuchernden Muskelbergen eigentlich eher Karikaturen männli-

cher Körper. Längst nicht jeder Junge bringt die Voraussetzungen für einen »idealen« männlichen Körper mit. Vererbung und Lebensumstände machen dem Streben nach Traummaßen nur zu oft einen Strich durch die Rechnung. Wenn die Jungen dann resigniert aufgeben, weil die angestrebten Ziele einfach nicht zu schaffen sind, wird der Sport und damit der Körper schnell zur Nebensache. Dann kommen oft andere männliche Scheinattribute ins Spiel, wie Zigaretten, Alkohol oder Drogen.

Die Traummaße vieler Jungen:

- Größe: 185 cm
- Gewicht: 78 kg
- Breite Schultern
- Schmale Taille
- Gerader Rücken
- Ausgeprägte, aber nicht zu üppige Muskulatur

Doch wer kann das tatsächlich alles erreichen?

Hinter diesem Körperkult steckt ein allgemein verbreitetes Bild, wie die Körper von Männern auszusehen haben und wie sie sich zu bewegen haben. Erziehung, Werbung und Filme sorgen für eine Verkettung von Irritationen. Mütter (über-)füttern ihre Jungen immer noch mit dem Spruch: »Iss, damit du groß und stark wirst.« Fällt der kleine Mann hin und weint er über die Schramme am Knie, aus der schrecklich rotes Blut tropft, prophezeien Vater oder Mutter (sie meinen das durchaus tröstend!), dass noch viele Schrammen folgen müssen, damit aus dem Schreihals ein »richtiger« Mann wird. Und all diese Sprüche graben sich tief in die Seele des Jungen ein.

➡ Bringen Sie in Ihre Erziehung keine Vorstellungen vom idealen Mann ein. Es gibt ihn nicht, ebenso wenig wie die ideale Frau.

➞ Vermeiden Sie männliche Klischees und Formulierungen wie: »Richtige Männer machen, haben, können etc.« »Du bist doch ein Junge, stell dich nicht so an!« »Du bist doch nicht aus Zucker!«

Jungenseelen sind verletzbar

Herbert Grönemeyer singt es: »Männer sind so verletzlich« – und er hat Recht. Die männliche Seele, die auch in den Jungen steckt, ist keineswegs weniger verletzlich als eine Mädchenseele! Dass Jungen härter im Nehmen sind, dass sie wilde, ungestüme Spiele spielen, dass sie besonders zwischen sechs und zwölf Jahren, aber auch noch danach, klobig, mager oder knochig wirken, dass sie über ihre Gefühle mehr schweigen als reden und dass sie unsensible Sprüche klopfen – all das sind keine Indizien dafür, dass es in ihrem Inneren auch so aussieht. Diese burschikose Art ist vielmehr ein Schutzmantel, um nicht zu offenbaren, wie man wirklich ist. In Wirklichkeit sind Jungenseelen zarte Gebilde. Doch davon darf der Jungmann nichts kundtun, will er als männlich gelten.

Sexueller Missbrauch von Jungen

Wie verletzbar diese Seele tatsächlich ist, haben Psychologen, Pädagogen und Sozialarbeiter festgestellt, die sich um sexuell missbrauchte Mädchen kümmerten. Denn sie stellten bei ihren Nachforschungen fest, dass oft nicht nur die Mädchen, sondern auch ihre Brüder sexuell missbraucht wurden.

Die Kontroverse um sexuellen Missbrauch bei Jungen ist noch relativ jung; erst in den letzten Jahren wurden immer häufiger auch sie als Opfer erkannt. Nach Erfahrungen der Kölner Kontakt- und Informationsstelle für missbrauchte Mädchen und Jungen »Zartbitter e.V.« stammt der Täterkreis, der Jungen missbraucht, häufiger als bei Mädchen aus dem familiären Umfeld.

Sexueller Missbrauch ist ein heikles Thema. Wenn Sie Anzeichen entdecken, sollten Sie Ihren Sohn sehr rücksichtsvoll darauf ansprechen.

Die Täter sind meist heterosexuell veranlagte Freunde der Eltern, Nachbarn oder Bekannte, die die Suche der Jungen nach Männlichkeit und Zuwendung ausnutzen. Die Täterinnen gehören dagegen meist zum Familienkreis: Es sind Mütter, Tanten, Schwestern, es tauchen aber auch Erzieherinnen und Babysitter auf. Der Anteil der Täterinnen am sexuellen Missbrauch von Jungen schwankt – je nach Studie – zwischen 10 und 30 Prozent. Ebenso weit klafft bei den Wissenschaftlern auch die Auffassung darüber auseinander, was denn ein sexueller Missbrauch bei einem Jungen ist. Selbstverständlich sind damit der Geschlechts- und Analverkehr gemeint, aber auch oraler Sex (Fellatio) und einseitiges oder gegenseitiges Berühren des Penis gehören dazu. Nach Ansicht vieler Psychologen beginnt der Missbrauch schon beim Betrachten des entblößten Glieds bzw. bei obszönen Äußerungen darüber. Entscheidend dafür, ob ein Missbrauch vorliegt, der eine seelische Verletzung zur Folge hat, ist letztlich die individuelle Schamgrenze des Opfers. Erschwerend kommt hinzu, dass Jungen mitunter selbst neugierig bis interessiert sind, manchmal sogar selbst sexuell aktiv. Die Empfindlichkeitsgrenze ist bei jedem Jungen unterschiedlich, und sie verändert sich auch immer wieder während seiner Entwicklung.

Einen weiteren Täterkreis stellen Jugendliche dar: Cliquen, Jugendgruppen und Banden, also ältere Jungen, die ihre Machtposition gegenüber kleineren Jungen ausnutzen.

Die individuelle Schamgrenze

Kuscheln mit der Mutter erfüllt den Wunsch des Kindes nach Zuwendung.

Im Grunde genommen bewegt sich eine Mutter schon hart an der Grenze zum Missbrauch, wenn Sie ihren sechsjährigen Sohn zu sich ins Bett nimmt, weil sie selbst etwas zum Kuscheln haben möchte. Kriecht der

Junge dagegen aus eigenem Antrieb unter ihre Bettdecke, ist das Kuscheln mit der Mutter harmlos, ja sogar wichtig für seine Psyche, weil es seinen Wunsch nach Zärtlichkeit und Zuwendung erfüllt. Auch eine Erzieherin, die einem kleinen Jungen beim »Pipimachen« hilft und beherzt Hand anlegt, obwohl er das schon sehr gut allein kann, verletzt möglicherweise seine Intimsphäre. Wo ist die Grenze? Die beiden geschilderten Situationen sind durchaus normale Begebenheiten, die aus der Sicht der beteiligten Erwachsenen keinen Schaden anrichten.

Ratschläge, wie Sie mit der Intimsphäre Ihres Sohnes achtsam umgehen können, finden Sie auf Seite 118.

Jungen reagieren vielleicht auch verschämt, wenn Väter oder Mütter ihnen zeigen, wie sie ihren Penis waschen sollen, aber das verletzt ihre Seele nicht. Sie können sich dagegen durchaus verletzt fühlen, wenn Erwachsene Witze über ihren kleinen Penis machen. Wenn es tatsächlich zum sexuellen Missbrauch kommt, schweigen die meisten Jungen und hüten den Missbrauch als Geheimnis. Zum einen, weil sie in manchen Fällen Angst haben, die Zuneigung des Täters oder der Täterin zu verlieren, wenn sie darüber reden. Zum anderen, weil sie Angst haben, man werde ihnen nicht glauben. Noch immer ist die Meinung weit verbreitet, ein Junge oder ein Mann könnte nicht gegen seinen Willen verge-

Missbrauch als Liebesersatz

Besonders Jungen, die bislang wenig körperliche Zuwendung erfahren haben, etwa durch Eltern, die den Körperkontakt zu ihrem Sohn eher vermieden haben, geraten durch sexuellen Missbrauch manchmal in ein schreckliches Dilemma: Einerseits leiden sie natürlich sehr unter dem Missbrauch, andererseits war es vielleicht das erste Mal, dass sich jemand für sie und ihren Körper interessierte, was sie als eine – freilich pervertierte – Form der Zuwendung empfinden.

waltigt werden. So lautet denn auch meist die erste, aber völlig unangebrachte Frage der Eltern: »Ja hast du dich denn nicht gewehrt?« Kommt es nicht zum Geschlechts-, Oral- oder Analverkehr, dann müssen sich betroffene Jungen im schlimmsten Fall sogar fragen lassen, was denn dann schon Schlimmes geschehen sei?

Auswirkungen des sexuellen Missbrauchs

Die Spuren des sexuellen Missbrauchs von Jungen können sich auf ihr ganzes weiteres Leben negativ auswirken. Tiefe Narben in der Jungenseele hinterlässt unter Umständen auch das Verfahren, diesen Missbrauch »schonungslos« aufzuklären. Eltern sollten deshalb berücksichtigen, dass bei der Aufdeckung von sexuellem Missbrauch Einfühlungsvermögen und Vorsicht notwendig sind. Viele der gewaltsam missbrauchten Jungen werden später selbst sexuell gewalttätig oder landen im Strichermillieu. Als mögliche Folgen werden auch immer wieder psychosomatische Störungen, Depressionen, krankhafte Angst, Selbstmordversuche und Schulschwierigkeiten registriert.

Auf der Suche nach dem richtigen Weg

Wundern Sie sich nicht, wenn aus Ihrem netten Sprößling ein Null-Bock-Typ wird. Reagieren Sie maßvoll – das geht vorbei.

Mit 13 Jahren ist plötzlich alles ganz anders. Der Junge ist äußerlich kein Junge mehr, aber er ist auch noch kein Mann. Doch mit jedem weiteren Monat nimmt er männlichere Konturen an, die Stimme verändert sich, Scham- und Achselhaare wachsen, und im Gesicht sprießt zaghaft so etwas Ähnliches wie ein Bart. Daneben blüht der eine oder andere Pickel auf, oder es kündigt sich sogar eine prächtige Akne an. Auch Sohnemanns Verhalten ist jetzt anders. Wenn er, vorher ein netter, zuvorkommender Bursche war, so muckt er jetzt gegen seine Verpflichtungen auf, hat für alles Ausreden und Widerworte. Er kann seine Mutter und seinen Vater unversehens brüskieren und findet nichts dabei, wenn das andere Menschen hören. Wenn er zu Hause ist, verschwindet er sogleich in seinem Zimmer, das von Woche zu Woche chaotischer aussieht. Die Musik, die er sich am liebsten mit ungeheurer Lautstärke »reinzieht«, scheint nur aus Bässen zu bestehen. Mit zunehmender Körperlänge scheint sein Wortschatz zu schrumpfen. Es gibt nur noch »geil« und »cool«, manchmal auch »poahhh« oder »mann-äyj«. Wenn er gefragt wird, wie es ihm geht, sagt er: »Passt schon«.

»Der Junge ist nicht wiederzuerkennen!«

Jetzt ist sie also da: die Pubertät! Manche Eltern werden von der Plötzlichkeit des Ereignisses überrollt. Sie sind wie vor den Kopf geschlagen, dass sich ihr Sohn in so kurzer Zeit so sehr verändern kann. Obwohl sie doch eigentlich 14 Jahre lang Zeit hatten, sich auf diesen Zeitpunkt vorzubereiten!

Das dritte Entwicklungsstadium ist die Zeit von 14 Jahren bis zum Erwachsenenalter.

Und dann tun sie etwas, was zwar ihrem Stolz und möglicherweise ihren Prinzipien entspricht, aber kaum die Situation entschärft. Sie denken: »Wenn der uns so kommt, dann soll er sehen, wie wir sein können.« Schon tobt der Unfriede, es hagelt Verbote (die letztlich übertreten werden), und es fließen Tränen (der Mütter). Meist sind es die Väter, die wutschnaubend oder sichtbar beherrscht ein Wörtchen mit dem Sohn reden, in gebührendem Ton, damit der weiß, wer »in diesem Haus das Sagen hat«. Der Junge erfährt, dass es »so nicht geht« – versäumt wird jedoch zu erzählen, wie es denn gehen soll. Doch der Sohnemann ist mittlerweile hormonell und physisch ein junger Mann, er fühlt sich so, und er möchte auch so behandelt werden. Er möchte kein Kind mehr sein und mehr als bisher erleben. Die Pubertät ist die Zeit des Aufstands gegen das Normale, des Widerstands gegen die elterliche Vernunft und der Absage an jede

Art von Fürsorge. Deshalb verschlechtern sich meistens die Noten in der Schule rapide, und im gleichen Tempo steigt die Bereitschaft, sich mit jeder Bemerkung Ärger einzuhandeln. Viele Jungen beginnen in diesem Alter zu rauchen, trinken Alkohol und begehen im schlimmsten Fall sogar kriminelle Handlungen.

Harte Fronten

Die Pubertät ist wahrscheinlich die kritischste Zeit in der seelischen Entwicklung eines Kindes.

Der Widerstand gegen alles und jedes ist letztlich auch eine Kritik an der Gesellschaft, denn diese zeigt Jugendlichen oft nur wenig Perspektiven für eine Eingliederung auf. Die Jungen haben den Drang, etwas zu verbessern und sich zu beweisen, doch leider wird ihnen dazu nur selten Gelegenheit geboten.

In der eigenen Familie führt der Sinneswandel der Jungen meist zu einer ernsten Krise. Die Eltern sind nach wie vor grundsätzlich bereit, ihren Sohn zwar zu lieben, aber mehr auch nicht. Die Mutter ist häufig eher hilflos, der Vater will dagegen

Die Pubertät

Mit »Pubertät« wird die »Mannbarkeitsphase« (pubertas = Mannbarkeit) von Jugendlichen beiderlei Geschlechts bezeichnet. Jungen erleben ihre Pubertät zwischen dem 9. und 15. Lebensjahr, Mädchen zwischen dem 8. und 14. Lebensjahr. Seit der letzten Jahrhundertwende setzt die Pubertät immer früher ein. Bei Jungen und Mädchen, die in Städten und städtischem Umfeld wohnen, beginnt die Pubertät in der Regel ebenfalls früher als bei Kindern, die in dörflicher Umgebung aufwachsen. Bei Jungen erhöht sich in der Pubertät die körpereigene Produktion von Testosteron, dem wichtigsten Geschlechtshormon, um ein Vielfaches, bei Mädchen steigt der Östrogenspiegel.

streng durchgreifen. Er kann seinem Sohn keinesfalls entgegenkommen, und wenn, knüpft er das an Bedingungen. Also herrscht eine gereizte Stimmung, die nur durch viele Streitigkeiten unterbrochen wird. Vater und Sohn begegnen sich oft wortlos. Man könnte glauben, dass sie sich gar nicht kennen.

Aber zur Beruhigung aller Eltern: Das geht vorbei. Und längst nicht alle Söhne verhalten sich so provozierend. Alles wäre nur halb so schlimm, wenn sich die Eltern besser darauf vorbereiten würden. Wenn sie mehr Verständnis dafür zeigen würden, dass ihr Sohn ziemlich hilflos einem Hormonschub ausgesetzt ist.

Den Kontakt nicht abreißen lassen

Das Schweigen zwischen den Jugendlichen und ihren Eltern gehört zu den auffallendsten und gefürchtesten Erscheinungen der Pubertät. Jungen können nach einem ärgerlichen Disput in ihrem Zimmer verschwinden und von da an schweigen. Die ohnehin schon unterkühlte Atmosphäre vereist möglicherweise völlig, es ist keinerlei Annäherung möglich. Je länger die Sprachlosigkeit anhält, umso mehr verhärten sich die Fronten und umso schwerer fällt das Verzeihen.

Deshalb ist es für Eltern ungeheuer wichtig, die Gesprächsbereitschaft zu erhalten, doch das ist leichter gesagt als getan. Wie bekommt man Kontakt mit einem Sohn, der gerade unter Beweis stellen will, dass er die Eltern nicht mehr braucht? Die meisten Eltern müssen aber eigentlich nur in ihrer Erinnerung kramen, um ein paar gute Ideen zu finden. Gibt es nicht vielleicht Interessen des Sohnes, die auch der Hormonschub nicht vom Sockel stürzen konnte? Eines dieser Zauberworte heißt beispielsweise Sport.

Viele Eltern sind von der »Schnelligkeit« der Pubertät ihrer Söhne überrascht. Sie haben dann die Zeichen – Interesse für Mädchen, extreme Abgrenzung von Jüngeren – nicht wahrhaben wollen.

Der Sport als einzige Basis

Sport ist ein Thema, das fast alle Jungen und Männer anspricht. Selbst wenn sie aktiv keinen Sport betreiben, so interessieren sie sich doch dafür. Wenn es also zwischen Vater und Sohn still geworden ist, weil man mit Schweigen jedem Streit aus dem Weg gehen, aber auch jede Art von Annäherung verhindern möchte, könnte der Sport ein vermittelndes Moment sein, das sie zumindest zeitweise wieder auf eine Wellenlänge bringt.

➞ Gemeinsam ein Fußballspiel oder ein Tennismatch vor dem Fernseher anzuschauen, dazu gehört nicht viel Überwindung. Sie müssen auch gar nicht direkt zu Ihrem Sohn sprechen, wenn Sie glauben, dass Sie eine brüske Abfuhr erhalten. Machen Sie ein paar Bemerkungen zum Spiel, die vielleicht nicht ganz die Situation treffen. Ihr Sohn wird diesen Ball höchstwahrscheinlich aufnehmen und Ihre Bemerkung korrigieren. Er wird es sogar gern tun. Sagen Sie ihm, dass er Recht hat und reichen Sie ihm die Chips. Er wird sich bestimmt ein paar nehmen.

Streitgespräche sind für beide Seiten schmerzhaft – Sprachlosigkeit wirkt jedoch meist zerstörerischer.

So können Sie die Kluft überbrücken

➞ Hören Sie erst einmal zu, wenn Ihr Sohn etwas zu sagen hat.

➞ Lassen Sie ihn ausreden. Unterbrechen Sie ihn nicht, auch wenn Sie schon ahnen, was er Ihnen sagen will.

➞ Geben Sie keine Anweisungen, sondern formulieren Sie Appelle, die Sie mit einer triftigen Begründung koppeln. Sagen Sie statt: »Du räumst jetzt dein Zimmer auf!« besser: »Was meinst du, wäre es nicht besser, wenn du jetzt dein Zimmer aufräumst? Später hast du sicher keine Zeit dazu.«

➟ Sprechen Sie keine Du-Botschaften aus, sondern Ich-Botschaften. Anstatt: »Du nervst mich mit deiner lauten Musik.« sagen Sie: »Ich bin genervt von deiner Musik.« Weitere Formulierungshilfen: »Ich denke, das schaffst du«, »Ich fühle mich ausgenutzt«, »Ich möchte, dass es hier nicht so unordentlich ist«, »Ich bin enttäuscht über ...«. Keine Angst: Auf diese Weise mildern Sie die Botschaft, dass Ihr Sohn etwas tun oder unterlassen solle, keineswegs ab. Sie vermeiden nur eine direkte Schuldzuweisung und beziehen sich mit Ihrem subjektiven Empfinden in das Geschehen mit ein.

Wichtig ist, dass Sie Ihre eigenen Gefühle benennen können. So können Sie kritisieren und gleichzeitig Verständnis bei Ihrem Sohn aufbauen.

➟ Versuchen Sie nicht alles zu ergründen, streichen Sie in Ihrem Wortschatz für eine Weile das »Warum«. Das Warum stellt immer bloß, es offenbart Ihre Kritik, ohne dass sie sie nennen. So könnte »Warum hast du das so gemacht?« eine harmlose Frage sein, wäre da nicht die Betonung auf »so«. Für einen 13-Jährigen ist sie deshalb nicht harmlos. Sie beinhaltet Kritik, weil er es nicht so gemacht hat wie früher oder wie die Eltern es ihm beigebracht haben. Sagen Sie besser: »Das ist aber anders als sonst. Ob du das wieder so hinkriegst, wie es war?«

➟ Sprechen Sie immer darüber, was Sie empfinden. »Ich fühle mich übergangen« ist viel ehrlicher als: »Man macht das nicht so«. Jungen lernen so, wie sie mit ihren Äußerungen und Handlungen ankommen. Ganz wichtig ist zu betonen, dass Sie selbst es so empfinden, auch wenn er es vielleicht anders gemeint hat.

➟ Verkünden Sie nicht ultimativ, dass Sie Recht haben oder dass Ihr Empfinden das objektivere ist. Wenn Ihr Sohn gegensätzlicher Meinung ist, betonen Sie: »Du meinst so, ich fühle aber so.«

➟ Zeigen Sie keine Schadenfreude. »Siehste, hab' ich doch gleich gesagt.«, merkt sich Ihr Sohn und wird ab sofort schweigen. Wenn er Pech gehabt hat, zeigen Sie Anteilnahme und bieten Hilfe an.

➟ Pubertät bedeutet auch, dass Ärger, Wut und Zorn Dauergäste im Gefühlshaushalt sind. Sie sollten also lernen, wie man damit angemessen umgeht. Bevor Sie Ihre Wut ausdrücken, fragen Sie sich, wie wichtig das Problem wirklich ist. Habe ich es in drei Jahren noch, wenn ich mich jetzt nicht aufrege? Was geht vor – das Problem zu lösen oder die Beziehung zu meinem Sohn zu erhalten? Bedenken Sie auch, dass das Problem nur eins von vielen ist.

> Ein Mann wird daran gemessen, wie weit sich sein selbstgewählter moralischer Horizont spannt. (Sandor McNab)

➟ Wenn schon lange Zeit kein Gespräch mehr stattgefunden hat: Vermeiden Sie zunächst Reizthemen, und werden Sie nicht persönlich. Bleiben Sie vor allem gelöst. Überheblichkeit und betonte Vorsicht sind ebenso fehl am Platz wie anzügliche, karikierende und zynische Bemerkungen. Klappt das Gespräch über die scheinbar unwichtigen Dinge, dann können Sie auch mal ein wichtigeres Thema anschneiden. Wenn Ihr Sohn kneift, sollten Sie bei einer anderen Gelegenheit das Gespräch fortführen.

Akne – ein harter Fall für Jungen

Die Pubertät ist auch das Pickelalter. Die meisten Jungen, aber auch viele Mädchen, leiden unter Hautunreinheiten, wenn sich ihre Geschlechtshormone durchsetzen. Mädchen können durch geschicktes Make-up einiges korrigieren, Jungen leider nicht. Die Veranlagung zu Akne ist genetisch bedingt. Haben Mutter und Vater in ihrer Pubertätszeit unter Pickeln gelitten, dann bekommt der Sohn mit 50-prozentiger Sicherheit auch Akne.

Es gibt nach wie vor keine gesicherten Beweise für Auswirkungen bestimmter Nahrungsmittel auf die Entstehung von Pickeln. Auch der Verzicht auf Schokolade oder Chips verhindert sie deshalb nicht. Eltern können ihrem Sohn bei dem Akneproblem zwar nicht helfen, aber sie können dazu beitragen, dass die Akne keine Narben auf der Seele hinterlässt.

Das Gehirn leidet unter der Periode

In der Pubertät wird die biologische Verschiedenartigkeit von Jungen und Mädchen quasi auf die Spitze getrieben. Und nicht nur die Jungen leiden unter den hormonellen Veränderungen. Während sich die Hormonsituation bei ihnen relativ konstant verhält, wechselt bei den Mädchen die Hormonzusammensetzung in einem Zyklus. Nach Studien der Universität Bochum steuert dieser Zyklus ihre Weiblichkeit und ihre »Männlichkeit«. Um den Eisprung herum sind Mädchen durch einen hohen Östrogenanteil femininer, während der Menstruation wirken dagegen die männlichen Hormone stärker auf Körper und Psyche ein.
Auch das Gehirn unterliegt diesem Zyklus. Der Gebrauch der linken Gehirnhälfte ist während der Menstruation auch bei Mädchen eingeschränkt, das äußert sich möglicherweise in einer Abnahme des verbalen Verständnisses. Besonders deutlich zeigt sich diese Änderung bei Frauen nach der Menopause. Dann nimmt die symmetrische Leistungsfähigkeit des weiblichen Gehirns drastisch ab; das Gehirn der Frau arbeitet dann also ähnlich asymmetrisch wie das Männerhirn.

Materielle Hilfen

➟ Sparen Sie nicht an der falschen Stelle. Synthetische Hautwaschmittel oder ätherische Öle wie Lavendelöl, Teebaumöl etc. aus der Apotheke, dem Reformhaus oder dem Naturkosmetikladen sollten aus der Haushaltskasse bezahlt werden können.
➟ Beim Zubereiten der Mahlzeiten sollten Sie auf biotinreiche Kost achten. Biotine sind Vitamine des B-Komplexes, die in Leber, Eigelb, Hefe, Geflügel, Soja, Walnüssen, Naturreis und Vollkorngetreide vorkommen. Die Biotine sind für Heilungsprozesse in der Haut verantwortlich.

➞ Stellen Sie Ihrem Sohn sterile Kompressen zur Reinigung und ausreichend Waschlappen zur Verfügung. Achten Sie außerdem darauf, dass er Handtücher nicht länger als zwei Tage benutzt.

Psychologische Hilfen

➞ Starren Sie beim Gespräch oder beim Essen nicht auf die Pickel. Konzentrieren Sie sich auf die Augen oder den Mund Ihres Sohnes.

➞ Machen Sie kein Familienthema aus der Akne. Kommen Sie nicht ständig mit neuen Tipps. Wenn er jeden Tag eine andere Methode ausprobieren soll, um die Pickel loszuwerden, wachsen sich die Pickel zum größten Problem aus, das er hat.

➞ Wenn Sie in Ihrer Jugend auch unter Akne gelitten haben: Erzählen Sie ihm, dass die Pickel von allein weggehen. Klären Sie ihn über die Wirkung des Testosterons auf (➤ Seite 24).

➞ Haben Sie Verständnis dafür, dass sich Ihr Sohn zurückzieht, wenn besonders viele Pickel sprießen.

➞ Drücken Sie nicht an seinen Mitessern und Pickeln herum. Das sollte, wenn es nötig ist, nur ein Fachmann erledigen.

➞ Wenn Sie feststellen, dass die Seele Ihres Sohnes unter den Pickeln leidet (depressives Verhalten, Kontaktscheue, Vereinsamung), führen Sie mit Ihrem Hausarzt ein Vorgespräch darüber, ob Ihr Sohn mit Tetrazyklin-Tabletten behandelt werden kann. Den Rest sollte Ihr Sohn dann aber selbst erledigen.

> Auch für die Akne gilt: Geben Sie Ihrem Sohn Tipps und Hilfen – aber anwenden sollte er sie schon selbst. Schließlich möchte er als Erwachsener behandelt werden.

Suizidgefährdung

Das traurigste Kapitel in der Pubertät von Jungen ist ihre hohe Selbstmordrate. Im Alter von 10 bis 20 Jahren nehmen sich nach der Statistik 3,3 Prozent der Jungen das Leben. Zum Vergleich: Bei den Mädchen kommt nur ein Selbstmordfall unter 100 Mädchen vor. Dreimal so viel Jungen, das ist erschreckend und vielsagend

zugleich. Offenbar geraten Jungen in der Pubertät durch seelische Schwierigkeiten viel stärker aus dem Gleichgewicht als gemeinhin angenommen wird.
Meist leiden Jungen schon ziemlich lange unter Ängsten und Komplexen, bevor sie den letzten schrecklichen Schritt tun. Häufig nimmt ihre Umwelt aber keineswegs wahr, wie es um sie bestellt ist. Die Eltern haben von ihren Sorgen keine Ahnung oder interessieren sich nicht ernsthaft für ihr Kind; die Mitschüler zeigen kein Verständnis; die Mädchen ziehen ältere Jungen vor; die Lehrer übergehen sie achtlos. Oft sind gerade die stillen und braven Schüler und Jungen am meisten suizidgefährdet.

Alarmzeichen für Selbstmordgefährdung

- Mündliche Ankündigung: »Ich bringe mich um« ist leichter gesagt als getan. Jugendliche in verzweifelter, vor allem unverstandener Situation neigen jedoch zu Kurzschlusshandlungen. Nehmen Sie die Drohung also unbedingt ernst, und fragen Sie Ihren Sohn nach seinen Problemen.
- Abschiedsbrief: Diese Form der Ankündigung sollten Sie in jedem Fall ernst nehmen. Abschiedsbriefe liegen nicht irgendwo im Zimmer herum, sondern oft auf einem exponierten Platz.
- Offensichtliche Gleichgültigkeit: Dazu gehören Nichtansprechbarkeit (starrer Blick), Tagträumerei und Nachlässigkeit bei Bewegungen, bei der Kleidung und Körperpflege (vorausgesetzt, das wurde bisher beachtet) sowie bei schulischen Arbeiten.
- Abbruch aller Beziehungen: Nichts ist störender bei einem Selbstmordversuch, als auf Beziehungen Rücksicht nehmen zu müssen. Also brechen Suizidgefährdete weit vorher den Kontakt ohne ersichtlichen Grund ab. Sie meiden sogar beste Freunde.
- Appetitlosigkeit: mögliches Verweigern von Essen und Trinken; die Ernährung wird als überflüssig abgetan.

Sexualität: Zwischen Lust und Frust

Was die Sexualität betrifft, gab es kaum freizügigere Zeiten als die unsere. In allen Medien ist Sex ein fester Bestandteil, ob es nun Talkshows sind, Werbefilme, Zeitschriften oder das Internet. Bereits Kinder werden überall mit positiven wie auch negativen Aspekten von Sex konfrontiert. Die Eltern können das nicht verhindern, also ist es umso notwendiger, den Kindern beizubringen, wie sie mit all dem umgehen können. Diese ständige Präsenz von Sex dient aber keineswegs der Aufklärung, sondern führt eher zu einer Verunsicherung. Deshalb ist es besonders wichtig, den Kindern zu vermitteln, was Sexualität im alltäglichen Leben wirklich bedeutet.

Überall nackte Tatsachen

Glaubt man den Medien, dann gibt es kaum noch Tabus. Erlaubt ist, was gefällt. Sexualität findet nicht mehr nur heimlich statt, sie wird zunehmend öffentlicher ausgelebt. Mode und Werbung offerieren anzügliche Erotik und bedienen sich beispielsweise der Materialien und Accessoires aus der Sado-Maso-Szene. Sie schrecken sogar vor der Sexualisierung von Kindern nicht zurück. Kein Nachrichtenmagazin der privaten Fernsehsender, das nicht wenigstens ein Sexthema pro Sendung präsentiert. Sex in Kombination mit Gewalt gehört zum Strickmuster vieler Kriminalfilme. Und das Internet mit frei abrufbarer Pornographie aller Spielarten ist sicher nicht das Ende der Entwicklung.

Wichtig: Vergewaltigung ist nicht Sex. Wer mit der Bratpfanne um sich haut, kocht ja auch nicht.

Sex übt schon immer eine magische Kraft auf die Menschen aus, ist Motor und Antrieb unserer Individualität. Sex steuert viele Mechanismen in uns, von der Jugend bis ins hohe Alter. Ohne

Sex gäbe es uns nicht. Sex schafft Lust, Vergnügen, Entspannung und Befriedigung. Kein Wunder also, dass sich der Sex zu einem wichtigen Wirtschaftsfaktor etablieren konnte und in unserer Gesellschaft allgegenwärtig ist.

Sex ist gesellschaftsfähig geworden

Diverse Sexblättchen und Hochglanzmagazine aus dem Regal der Herrenzeitschriften kann und darf jedes Kind im Supermarkt kaufen. Noch in den 70er Jahren gaben Elternzeitschriften Müttern und Vätern den Rat, Magazine mit nackten Frauenbildern auf dem Titel den Kindern möglichst nicht zu präsentieren. Heute müssten die Eltern ihren Kindern die Augen verbinden, um sie nicht nur vor den Abbildungen nackter Frauen zu bewahren.

Der Sex inklusive seiner negativen Erscheinungsformen ist ziemlich gesellschaftsfähig geworden. Und die Gesellschaft bezeugt nach wie vor, dass sie ungeheuren Appetit auf Sex hat. Unsere Kinder wachsen zwangsläufig damit auf. Eine positive Auswirkung dieser Entwicklung ist, dass für unsere Kinder Sexualität jedenfalls selbstverständlicher ist, als sie es für die Elterngeneration in ihrer Jugend war.

Sexualität ist etwas Natürliches. Aber die Reizüberflutung führt dazu, dass die Jugendlichen Fiktion und Wirklichkeit nicht mehr so gut auseinanderhalten können.

Die Unsicherheit bleibt

Doch diese Omnipräsenz der Sexualität hat keineswegs dazu geführt, dass Mädchen und Jungen, Männer und Frauen sowie Eltern und Lehrer nun sicherer mit dem Thema umgehen können als vor 30 Jahren. Wie Kinder diese zwangsläufige Konfrontation mit dem Thema Sex erleben und verarbeiten, ist individuell verschieden und hängt von vielerlei Faktoren ab: Alter des Kindes, Geschlecht, Elternhaus, soziales Umfeld – um nur einige der wichtigsten Faktoren aufzuführen. Selbstverständlich hat es auch

früher Pornographie gegeben, selbstverständlich haben sich auch früher manche Männer frauenverachtende Witze erzählt und hat es auch früher sexuellen Missbrauch bei Kindern gegeben, der vermutlich noch seltener aufgedeckt wurde als heute. Neu ist dagegen, dass die negativen Aspekte der Sexualität weitgehend unkontrolliert sogar Kindern auf vielfältige Weise zugänglich sind. Es bleibt die Frage, ob Offenheit mit all ihren Nachteilen besser ist als das verschämte Verbergen früherer Zeiten. Doch wie auch immer: Eltern können die Verhältnisse nicht zu ihren Gunsten ändern, aber sie müssen jetzt und heute die Verantwortung für ihre Kinder übernehmen.

»Papa erklär mir die Welt. Und das mit dem Sex…«

Richtige Aufklärung tut Not

Trotz Aufklärung in Elternhaus und Schule wissen erstaunlich viele Jungen über ihre Sexualität immer noch sehr wenig. Welcher Vater oder Lehrer spricht schon über seine persönlichen Erfahrungen? Meist wird ausgewichen und das Thema auf später verschoben. Viele Väter und Lehrer halten sich zu sehr an sachliche Fakten, verlieren sich im Erklären der Mechanik und stoßen nur nebulöse Warnungen aus. Viele Lehrer sind sich dessen durchaus bewusst, dass Sexualkunde noch immer mit Fallstricken gespickt ist, die sie bei falscher Interpretation Ansehen und möglicherweise den Job kosten können. Also beschränken sie sich darauf, ein amtlich zugelassenes Lehrbuch möglichst wortgenau zu zitieren. Solches Engagement ist traurig und erschreckend zugleich, und es fordert geradezu eine Gegenaufklärung heraus.

Sexualkunde im Umkleideraum

Den Jungen geht es heute also keinesfalls besser als ihren Vätern vor ein paar Jahrzehnten. Schlimmer noch, sie wiederholen Fehler, die schon Generationen von Jungen vor ihnen gemacht haben. Damit Sie einen Eindruck davon bekommen, wie unkontrollierte Sexualität von Jugendlichen verarbeitet wird, sollten Sie sich einmal anhören, was sich Jungen in den Umkleideräumen von Turnhallen und Hallenbädern zu sagen haben, und vor allem darauf achten, wie sie es sagen. Solche Szenen spielen sich überall auf der Welt ab. Die meisten Jungen müssen da durch, ob sie wollen oder nicht. Wenn über Sex gesprochen wird – und dies ist häufig der Fall, weil das Thema natürlich alle Jungen in diesem Alter beschäftigt –, dann geschieht dies meist auf eine ziemlich plumpe, obszöne und frauenverachtende Weise. Sexualität wird zu einer rein mechanischen Angelegenheit, Mädchen und Frauen werden zu Sexobjekten gemacht, für die man scheinbar keine anderen Gefühle aufbringt als pure Geilheit. Ausrisse aus Pornoheften illustrieren die Geschichten, Halbsätze, Anspielungen und Sprüche. Die Rolle der Wortführer in diesem peinlichen Nachhilfeunterricht spielen meist ältere Jugendliche, die jedoch selbst nur über vage Kenntnisse verfügen. Sie haben es wieder von den Älteren und so fort. Diese dubiose Aufklärung in den Umkleideräumen von Turnhallen und Schwimmbädern geschieht außer Hörweite von Lehrern oder Aufsichtspersonen.

Die gegenseitige Aufklärung unter Jungen läuft sehr grob ab. Wenn Sie also einen gut aufgeklärten Sohn haben möchten, sollten Sie ihm die Sache rechtzeitig und ohne markige Sprüche erklären.

Die Schmuddelgeschichten wirken nach

Das wirklich Schlimme an diesen Schmuddelgeschichten ist, dass sie manche Jungen so nachhaltig beeinflussen, dass sie auch später keinen anderen Zugang zur Sexualität finden. »Viele Jungen kommen offensichtlich nie über das Niveau der Umkleideraum-Sexualkunde hinaus«, schreibt Sam Keen in »Feuer im Bauch«. Doch es gibt auch Jungen, die anders reagieren, die sich in aufmerksame und peinlich berührte Zuhörer aufteilen. Peinlich berührt sind manche Jungen, weil ihr Bild von Schwestern, Müt-

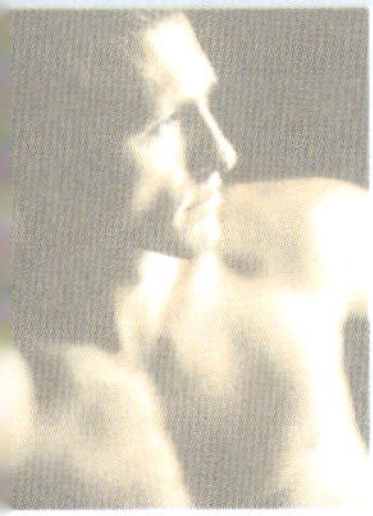

tern, Freundinnen, Mädchen und Frauen durch diese Geschichten beschmutzt oder möglicherweise sogar zerstört wird. Andere sind aufmerksam, weil sich durch die obszönen Sprüche des jeweiligen Wortführers eine derbe Sichtweise auftut, um Mädchen und Frauen abzuwerten.

Sexualität offen und positiv begegnen

Was können wir Eltern daraus lernen? Zunächst einmal ist es beruhigend zu wissen, dass nicht alle halbwüchsigen Jungen Gefallen an diesen Schmuddelgeschichten finden. Und viele der Beifallklatscher, aufmerksamen Zuhörer und Prahlhänse werden sich später in zärtliche Ehemänner und mehr oder weniger gute Liebhaber verwandeln. Sollen wir also akzeptieren, dass es so ist und darüber hinwegsehen?

Aufklärung – aber wie? Wie haben Sie sich damals gefühlt, was ist Ihnen passiert? So erfährt Ihr Sohn, dass dieser verwirrende Zustand nicht nur ihn allein betrifft.

Für verantwortungsvolle Eltern kann das natürlich keine akzeptable Lösung sein. Sie wissen: Der einzige Weg, einen Jungen gegen diese scheinbar unabwendbaren Einflüsse zu wappnen, ist, ihn vorher aufzuklären. Aber bitte erzählen Sie ihm nichts von Bienen und Blumen!

Was liegt also näher, als dass der Vater mit seinem Sohn über seine eigene Liebe zur Mutter des Jungen redet? Erzählen Sie Ihrem Sohn, wie Sie sich kennen gelernt haben, von Ihrer Angst vor dem ersten Geschlechtsverkehr, was Sie danach gefühlt haben, über Ihre erste richtige Liebe, die Unterschiede der Freundinnen, über den ersten Orgasmus und die Freude daran. Ein Vater sollte seinem Sohn ruhig bekennen, dass auch er in der Pubertät masturbiert hat oder feuchte Träume hatte. Was vergibt er sich, wenn er zu seinem Sohn offen über sein zurückliegendes und gegenwärtiges Intimleben spricht? Sprechen Sie mit Ihrem Sohn auch über das, was Sie heute anders machen würden, wenn Sie noch einmal so jung wären wie Ihr Sohn, und was Sie wieder genauso machen würden.

Was liegt näher, als die eigenen positiven wie negativen Erfahrungen weiterzugeben, die Sie als Mann mit Frauen machten? Die weit verbreitete Schweigsamkeit zu diesem Thema erzeugt in den Söhnen spätestens dann, wenn sie selbst einmal erwachsen sind, ein negatives Gefühl über den »feigen« Vater, der – wie sich später herausstellte – doch alles wusste und nichts davon an seinen Sohn weitergab.

Überwinden Sie Ihre Scheu

Wenn Sie jetzt spontan denken, darüber können Sie mit Ihrem Sohn nicht sprechen, dann stehen Sie nicht allein mit dieser Überzeugung. Die meisten Männer empfinden so und verlieren vor ihren Söhnen kein Wort zu diesem Thema – weder über ihre sexuellen Erfahrungen vor der Ehe noch über ihr gegenwärtiges Intimleben. Eigentlich ziemlich traurig, wenn man bedenkt, wie offen und freizügig sich unsere Gesellschaft sonst beim Umgang mit Sexualität gibt.

Wo Mütter helfen können

Mütter sollten die erwachende Sexualität ihres Sohnes nicht »übersehen«. Lehnen Jungen mit sieben Jahren beispielsweise Zärtlichkeiten rigoros ab, kann es sein, dass sie mit zehn mit der Mutter das Küssen üben wollen. Mütter sollten diese Vertrautheit nicht missverstehen – wer sonst kann Jungen beibringen, wie Zärtlichkeit praktiziert wird? Gehen Sie jedoch nicht weiter, als der Junge von sich aus möchte, Sie könnten seine Intimsphäre verletzen. Auch verbal können Mütter die erwachende Sexualität begleiten. Sie können dem Sohn sagen, wie gut er aussieht, dass er sich gut kleidet, frisiert etc. und dass Sie sich einen solchen Freund gewünscht hätten, als Sie in seinem Alter waren.

Kindersexualität

Wenn die Potenz einziges Kriterium für das Mannsein wäre, dann wären schon manche Säuglinge Männer. Denn wie erwähnt, sind schon männliche Neugeborene zu Erektionen fähig (➛ Seite 32). Der Sexualforscher Ernest Bornemann berichtet von Jungen, die bereits im Mutterleib masturbierten, und Kleinkindern, die durch Masturbation sogar einen Orgasmus erlebten. Dieses Phänomen nannte er Kindersexualität.

Konkrete Vorschläge, wie Sie die Aufklärung Ihres Sohnes angehen können, finden Sie auf den Seiten 127 bis 129.

Kindersexualität ist kein Gegenstand wissenschaftlicher Forschung, weil Gesellschaft und Staat zum Schutz der Kinder jegliche Forschung in diesem Bereich untersagt haben. Lange Zeit war man der Ansicht, dass die Sexualität erst mit der Fähigkeit zur Fortpflanzung existiere. Hintergrund dieser nachweislich falschen Annahme war, dass Sexualität meist nur in Verbindung mit dem Willen sich fortzupflanzen legitimiert war. Vielfach werden noch heute alle Anzeichen für Sexualität im Kindesalter als rein äußere Einflüsse interpretiert. Kinder haben asexuell zu sein.

Doktorspiele und Kinderverse

Eltern, die an der Entwicklung ihres Kindes aufmerksam teilhaben, bemerken jedoch sehr wohl, dass Kinder keineswegs asexuell sind. Sie wissen um die Doktorspiele der Drei- und Vierjährigen. Dabei zeigen sich nicht nur Jungen und Mädchen gegenseitig ihre nackten Körper, sondern die Geschlechtsteile des anderen wie des gleichen Geschlechts werden auch befühlt. Es ist eigentlich auch ganz natürlich, dass Kinder neugierig darauf sind, wie ihre Spielgefährten ohne Kleider aussehen.

Jungen haben oft Spaß daran, mit obszönen Worten zu provozieren. In den Sprüchen, die Jungen lauthals miteinander austauschen, mischen sich Fakten mit Erfahrenem und Aufgeschnapptem. Auch in Kinderversen, die von Generation zu Generation weitergegeben werden, hat schon Sigmund Freud eine ganze Reihe von sexuellen Anspielungen belegt. Selbstverständlich werden diese Sprüche und Verse von außen an einen Jungen herangetragen. Allein würde er das kaum formulieren können. Aber das Interesse an diesem schlüpfrigen Thema ist meist kaum zu überhören.

Das Entblößen und Vorzeigen der Geschlechtsorgane ist unter Kindern nicht die Ausnahme, sondern die Regel. (E. Bornemann)

Wie Sie mit Kindersexualität umgehen

- Unterbinden Sie diese frühen Formen der Sexualität nicht. Sie sind völlig harmlos und führen keinesfalls zu Schäden.
- Erzählt Ihr Sohn frauenverachtende Witze oder verwendet er vulgäre Ausdrücke, sollten Sie durchaus zeigen, dass Sie seine Worte verstehen. Machen Sie ihm dann unmissverständlich klar, dass Sie solche Witze und Ausdrücke nicht hören möchten, weil sie verletzend wirken.
- Sie können nicht verhindern, dass Ihr Sohn mit negativen Aspekten der Sexualität konfrontiert wird. Auf öffentlichen Toiletten kann er obszöne Sprüche und Offerten lesen, Zeitschriften liefern nicht immer jugendfreies Bildmaterial, das Fernsehen zeigt eindeutige Liebesszenen und Geschlechtsverkehr – nicht nur zu später Stunde. Gespräche mit sexueller Thematik können auch Sie selbst nicht immer verschieben.
- Machen Sie aus der Sexualität kein Tabu-Thema. Zu kaum einem Zeitpunkt war Sex freier als heute. Sie würden für Ihren Sohn nur unehrlich wirken, wenn Sie diese Freiheit leugneten.
- Wenn Ihr Sohn bei Sex-, Kuss- und Umarmungsszenen albern kichert, sollten Sie sich vergnügt (nicht ernst!) nach dem Grund der Heiterkeit erkundigen. Korrigieren Sie möglichst humorvoll, dass Sexualität und damit Sex ein schöner Teil unseres Lebens ist und dass im Grunde nichts lächerlich oder anstößig ist, was Liebende miteinander tun.

→ Benutzen Sie das richtige Vokabular: Sprechen Sie von Orgasmus, wenn Sie Orgasmus meinen. Mit allgemein verständlichen und akzeptierten Ausdrücken wie masturbieren, homosexuell, Penis oder Klitoris lernt der Junge, dass es nicht nur vulgäre und beschämende Ausdrücke gibt, wenn man über Sexualität spricht.

→ Sprechen Sie mit Ihrem Partner oder Ihrer Partnerin auch über Sexualverbrechen, wenn sie gerade passiert sind. Sagen Sie deutlich, wie Sie dazu stehen.

→ Halten Sie Ihre eigene Sexualität nicht verborgen. Umarmungen, Küsse, Streicheln und Schmusen zeigen Ihrem Sohn, dass seine Eltern sich lieben, gern Sex haben und ihn genießen.

Von der Unnatürlichkeit des Schamgefühls

Wenn vom Schamgefühl der Kinder die Rede ist, dann wird meist ein Adjektiv dazugefügt: natürlich. So hat der etwa sechsjährige Sohn ein »natürliches Schamgefühl«, wenn er sich geniert, sich nackt vor den Eltern zu zeigen, oder sich weigert, im Sammelumkleideraum der Badeanstalt seine Unterhose auszuziehen. Das ist aber nur die halbe Wahrheit. Denn Sohnemann hat zwar ein Schamgefühl, aber auf keinen Fall ein natürliches. Denn das gibt es gar nicht. Das Gefühl zur Schamhaftigkeit ist nicht angeboren, es wird durch unsere Kultur geprägt. Kinder sind deshalb zunächst einmal schamlos im ursprünglichen Sinn des Wortes: ohne Scham. Schamlos bedeutet jedoch heute oft so viel wie unanständig, frivol, obszön, ordinär und anstößig.

Jungen in seinem Alter haben meist noch kein Problem damit, vor ihrem Vater »die Hosen herunterzulassen«.

Erst die Eltern und alle Miterzieher bringen den Kindern bei, wo und wann Jungen und Mädchen schamhaft zu sein haben. Darum kann sich das Schamgefühl von Familie zu Familie, aber auch von Ort zu Ort und Land zu Land erheblich unterscheiden. Religiosität, Moralverständnis und Bildungsniveau beeinflussen unter anderem die jeweils geltenden Schamgrenzen. Ein Schamgefühl in Bezug auf die Sexualität ist bei kleineren Kindern überhaupt nicht vorhanden. Erst mit dem Schulalter beginnen vor allem Jungen in Gegenwart von Mädchen ihre Genitalien zu bedecken. Gleichaltrigen Jungen gegenüber verhalten sie sich meist nicht so prüde. Vor erwachsenen Männern dagegen zeigen sie sich möglichst nicht nackt, selbst dann nicht, wenn diese Männer selbst nackt sind.

Schamhaft schamlose Jungen

Je älter Jungen werden (11 bis 13 Jahre), umso schamhafter werden sie in der Regel Mädchen und Erwachsenen gegenüber. Besonders auffallend ist dieses Verhalten zu Hause. Im Kreis der Freunde herrscht dagegen oftmals geradezu Schamlosigkeit. Jungen, die sich zu Hause auf der Toilette einschließen, gehen mit ihren Kameraden zum Wettpinkeln. Dabei werden auch heftige Debatten über die Länge des Gliedes geführt, denen eine eingehende Betrachtung und Begutachtung vorangeht. Später genieren sich manche Jungen auch nicht, vor ihresgleichen zu onanieren, während die Kameraden die Stoppuhr laufen lassen. Wer am schnellsten zum Orgasmus kommt, gilt als potent und steht in der Gruppenhierarchie oben.

Beim Onanierwettbewerb machen auch schon Elf- und Zwölfjährige mit, die von ihrer körperlichen Entwicklung her eigentlich gar nicht ejakulieren können. Zu Hause aber bekommen sie einen roten Kopf und senken den Blick, wenn sie der nackten Mutter vor dem Bad begegnen. Dann genieren sie sich und sind in ihrem Schamgefühl berührt.

Jungen machen ihre ersten sexuellen Erfahrungen nicht mit Mädchen, sondern mit Jungen. Das ist kein Hinweis auf eine mögliche Homosexualität. (Schnack/Neutzling)

Respektieren Sie die Intimsphäre Ihres Sohnes

- Das Schamgefühl Ihres Sohnes stellt sich ganz von allein ein. Sie sollten sich jedoch Gedanken über die Ursachen machen, wenn Ihr Sohn ein zu stark ausgeprägtes Schamgefühl zeigt. Ursache könnte sein, dass Sie Ihre eigene Sexualität zu stark verbergen – oder dass Sie sie zu sehr betonen.
- Wenn Ihr Sohn sich geniert, also Nacktheit peinlich findet, sollten Sie ihn nicht umerziehen wollen, indem Sie ihm ständig Ihre

Unten tut sich was

Jeder Junge spürt es irgendwann: In seiner Hose gibt es etwas zu entdecken. Nämlich dass der Penis sehr hart und ganz schön groß werden kann. Die erste Reaktion ist nicht unbedingt große Freude, sondern manchmal auch Scham und Zweifel »nicht normal zu sein«. Zu den weiteren Überraschungen gehört, dass Berührungen zu nie gekannten, angenehmen Empfindungen führen. Die Hände verschwinden deshalb sehr häufig tief in den Hosentaschen. Die Masturbation ist eine logische Folge. Masturbiert ein Junge nicht, kommt es zu »feuchten Träumen«. Dann entlädt sich die Samenflüssigkeit im Schlaf. Anlass ist meist ein Traum mit hoher sexueller Erregung.

Nacktheit (»Natürlichkeit«) präsentieren. Jungen fühlen sich mitunter durch die Dimension der Genitalien von Erwachsenen peinlich berührt.
- Bleiben Sie nicht im Zimmer Ihres Sohnes, wenn Sie bemerken, dass er sich auszieht. Betreten Sie auch nicht das Badezimmer, wenn Sie wissen, dass er duscht.
- Sobald Ihr Sohn die Toilette allein benutzen kann, sollten Sie Abstand wahren. Ebenso sollten Sie Distanz üben, und allein auf die

Toilette gehen. Damit erzeugen Sie keine falsche Scham, sondern respektvolle Distanz für eine intime Angelegenheit.

→ Wenn Ihr Sohn Schamhaftigkeit vor Fremden, z. B. dem Arzt, demonstriert, dürfen Sie seine Nacktheit keinesfalls erzwingen. Meist weiß der Arzt, wie er ohne Verletzung der Schamgrenze das zu sehen bekommt, was er sehen möchte. Wenn Penis oder Hoden Gegenstände der Untersuchung sind, sollten möglichst wenig Personen im Raum sein.

→ Wenn Sie zu den Freunden des Nacktbadens gehören, zwingen Sie Ihren Sohn nicht zur Nacktheit, wenn er lieber die Badehose anbehalten möchte. Sie sollten auch nicht darüber diskutieren oder ihn zu überreden versuchen.

Zwischen Trieb und Liebe

Fragt man Eltern, wie das Sexualleben ihrer Kinder einmal aussehen soll, antworten sie, dass sie eine gesunde Sexualität entwickeln sollen. Gesund – das steht für normal und natürlich, sich wohl fühlen, glücklich sein, und ganz am Rande ist damit auch die körperliche Gesundheit gemeint. In den Zeiten von AIDS ist dieser Aspekt kein leerer Wunsch mehr. Eltern meinen mit dem gesunden Sexualleben vor allem Liebe, vielleicht gerade noch Leidenschaft, weniger jedoch Triebhaftigkeit. Mütter hoffen, dass ihre Söhne zärtliche Liebhaber sind. Väter dagegen erwarten, dass ihre Söhne zunächst ein wenig herumprobieren. Der Liebe des jungen Mannes steht also eigentlich nichts im Weg.

Machen Sie sich bewusst, dass auch Sie damals mehr Eigenverantwortung und Ausprobieren von Ihren Eltern wollten. Wenn Sie ihm jetzt die Möglichkeit geben, wird er es Ihnen später danken.

Doch wenn aus Sicht des Sohnes der Zeitpunkt für das Ausleben von Sexualität gekommen ist, dann halten es die meisten Eltern für noch zu früh: Er ist doch erst 15! Sie sind der Meinung, ihr Junge sei noch nicht reif genug, das gesamte Kompendium der Sexualität, nämlich Liebe, Sympathie, Be-

gierde, Lust und Trieb zu beherrschen. Damit haben sie natürlich Recht. Doch von einem 14- oder 15-Jährigen kann auch gar nicht verlangt werden, dass er sich da auskennt. Und um es zu lernen, muss er es ausprobieren. Erst mit der Zeit wird er unterscheiden können, ob das, was er spürt, Trieb, Begierde oder Liebe ist.

Learning by doing

Wenn die Eltern ihren neugierigen Sprössling zurückhalten wollen, macht das die Sache meist nur schlimmer, denn die Pubertät stellt den jungen Mann unter erheblichen Druck. Endlich findet er die Mädchen toll. Er verliebt sich und ist kritiklos begeistert und fasziniert allein von der Weiblichkeit seiner Erwählten. Doch wie soll er ihr sagen, was er fühlt, was er denkt? Er hat bisher mit solchen Situationen keine Erfahrung gemacht. Und die richtigen Töne zu finden, um mit einem Mädchen anzubandeln, ist gar nicht einfach.

Was sich liebt, das neckt sich

Wenn seine Eltern ihm nicht erzählt haben, wie man mit Mädchen umgeht, dann ist er jetzt auf Learning by doing angewiesen.

Die meisten Jungen zeigen den Mädchen zunächst einmal ihr Interesse dadurch, dass sie sie ärgern. Die Mädchen antworten ihrerseits mit zickigem Verhalten oder lachen die Jungen aus. Beide Verhaltensweisen dienen aber eigentlich kaum dazu, dass die Geschlechter einander näher kommen. Oft verletzen die Jungen mit ihren zotigen Bemerkungen die Mädchen, was diese mit Rückzug oder Unnahbarkeit beantworten. Aber auch Mädchen können die Jungen kränken, indem sie deren Männlichkeit bezweifeln. Das bleibt ebenfalls nicht ohne Folgen.

So negativ verschlüsselte Sympathie frustriert. Die Mädchen wenden sich häufig älteren erfahrenen Jungen zu, und die Abgeblitzten müssen ihren ersten Korb verkraften. Viele Jungen stecken das problemlos weg. Einige trifft es härter, und sie suchen die Schuld zunächst bei sich. Solche Jungen halten sich schnell für geborene Verlierer. Noch eine Schlappe, und sie werden sich erst einmal zurückziehen. Stattdessen weichen sie vielleicht aus auf Erotikmagazine, Videos und Musikclips.

Wenn er abgeblitzt ist

➞ Bevor Ihr Junge Mädchenersatz in Bildern und Filmen sucht, helfen Sie ihm. Das geht allerdings nur, wenn der Kontakt nicht abgerissen ist und Sie Zugang zu Ihrem Kind haben.

➞ Wieder einmal sind hier hauptsächlich Väter gefordert. Wenn es sie nicht gibt, oder sie nicht einsatzfähig sind, kann diese wichtige Aufgabe auch von anderen Vertrauten übernommen werden.

Das selbstverständliche Miteinander von Jungen und Mädchen – gerade in der Pubertät ein eher seltenes Vergnügen!

➞ Sprechen Sie den offensichtlich deprimierten Jugendlichen nicht direkt auf sein Missgeschick an. Beginnen Sie das Gespräch mit einer Erzählung, was Sie in Ihrer Jugend erlebt haben und wie Sie den ersten Korb eines Mädchens verkraftet haben. Erwähnen Sie, dass Ihnen das später noch öfter passiert ist.

➞ Noch besser ist es jedoch, Sie verhindern, dass es zu solchen Frusterlebnissen kommt. Jungen, die erleben, dass ihre Eltern zärtlich zueinander sind und miteinander liebevoll umgehen, verhalten sich im Umgang mit Mädchen ähnlich.

➞ Mütter können ihren Söhnen bestätigen, dass sie attraktiv sind, und damit ihr Selbstvertrauen stärken.

➞ Väter können ihren Söhnen sicher den einen oder anderen Tipp geben, der das äußere Erscheinungsbild betrifft, beispielsweise, wie man sich beim Rasieren nicht schneidet.

Masturbation, Pornographie und Gewalt

Immer wieder und auch heute noch sind Eltern entsetzt, wenn sie entdecken, dass ihr Sohn masturbiert. Sie glauben zu fühlen, dass etwas mit ihm nicht stimmt. Doch jedes aufdringliche Nachforschen macht den Sohn kaum gesprächiger, im Gegenteil, er möchte mit diesem Thema allein bleiben. Doch keine Sorge! Selbstbefriedigung ist harmlos. Sie ist sogar gut, denn sie verschafft Lustempfinden und Erleichterung.

Viele Jungen onanieren in der Pubertät mindestens einmal pro Tag (auch Mädchen masturbieren, nur nicht so intensiv und regelmäßig). Nach oben ist die Grenze offen. Meist benutzt der onanierende Jugendliche seine Fantasie, um sich bis zum Orgasmus zu steigern. Weit verbreitet als Stimulatoren sind auch Pornohefte und Sexmagazine. Das ist zwar nicht so toll, aber kein Grund für Eltern, etwas Schlimmes zu befürchten. Im Gegenteil: Der Jugendliche sorgt für einen Ausgleich seines hormonellen Drucks. Und so ein Heftchen ist kein wirklicher Anlass, den Familienfrieden aufs Spiel zu setzen.

Menschen, die während der Kindheit nicht onaniert haben, finden meist schwer im normalen Geschlechtsverkehr Befriedigung. (E. Bornemann)

Wann wird es kritisch?

Bedenklich wird es dann, wenn der Jugendliche Pornobilder oder -hefte zu sammeln beginnt und gleichzeitig damit aufhört, sich um Freundschaft und Liebe von Mädchen zu bemühen. Denn der Umgang mit den leblosen Bildern ist natürlich problemloser als der Umgang mit einem Menschen. Dazu kommt, dass es für den Jungen schwierig ist, zwischen der Illusion der Magazine und der Realität zu unterscheiden. Anders ausgedrückt, es könnte der Eindruck entstehen, auch in Wirklichkeit wären Mädchen und Frauen ähnlich verfügbar und

Der Umgang mit Pornoheften und Sexmagazinen

Wenn Sie bei Ihrem Sohn ein Pornoheft finden, ist das zunächst einmal keine Tragödie! Beachten Sie:

- Nicht alle Hefte mit Bildern von nackten Frauen sind Pornos.
- Sie haben etwas entdeckt, was Ihr Sohn eigentlich vor Ihnen geheim halten wollte. Wenn Sie das Heft zum Familienthema machen, fühlt sich der Junge kontrolliert. Reagiert er dann mit Rückzug, ist das mehr, als ein Heftchen anrichten kann.
- Lassen Sie das Heft da, wo es ist. Denn auch wenn Sie Ihrem Unmut freien Lauf lassen, bewegen Sie sicher nichts. Wenn Sie das Heft konfiszieren, wird er sich ein anderes Heftchen besorgen und besser verstecken.
- Nehmen Sie sein Interesse an dem Heft als Information auf, dass sich Ihr Sohn jetzt für Frauen interessiert. Dass er nackte Tatsachen bevorzugt, signalisiert, dass er unsicher ist, wie Frauen aussehen können oder sollen. Zeigen die Abbildungen den Geschlechtsakt, heißt das, dass Ihr Sohn wissen möchte, wie das aussieht, wenn man Liebe macht. Beides können Sie auch als Hinweise auf Mängel in der Aufklärung werten.
- Handeln müssen Sie nur, wenn Sie jüngere Geschwister vor diesen Einblicken schützen müssen oder wenn die Abbildungen außer nackter Haut auch Gewalt verherrlichen. Nur wenn das Alter und die »Reife« Ihres Sohnes nicht annähernd dem Inhalt des Heftchens entsprechen oder der Konsum von Heften auffällig zunimmt, sollten Sie eingreifen.

willig. Diese Fehleinschätzung kann in Kombination mit tatsächlich erlebten Abfuhren und Enttäuschungen durch Mädchen oder junge Frauen zu erheblichen Frustrationen führen. Wie der junge Mann diese verarbeitet und bewältigt, hängt von einer Vielzahl von Faktoren ab, etwa seinem grundsätzlichen Selbstwertgefühl, seinem Eingebundensein in eine intakte Familie, seiner Fähigkeit, Freundschaften einzugehen, auf andere Menschen zuzugehen und Kontakte zu knüpfen usw.

Im allerschlimmsten Fall, der glücklicherweise nur selten vorkommt, kann es zu einem aggressiven Ausleben dieser Frustrationen kommen, zu Gewalt gegenüber Frauen.

Motive von Sexualtätern

Psychotherapeuten haben sich eingehend mit den Motiven der Täter beschäftigt. In den wenigsten Fällen galt ihre Wut tatsächlich dem Opfer, das sie mitunter gar nicht kannten. Es geht Vergewaltigern auch nicht in erster Linie um das Abreagieren ihrer Lust oder Triebhaftigkeit. Lust verspüren sie dabei kaum. Die Tat selbst ist so etwas wie ein Racheakt, vielfach gilt er sogar der Mutter. Fehlende mütterliche Zuwendung und Zärtlichkeit in der Kindheit sowie Härte und Distanz des Vaters sind ein übereinstimmendes Merkmal. Häufig kommen auch zu enge Bindungen an die Mutter vor, die den Sohn nicht loslassen kann, ihn verhätschelt und zum Muttersöhnchen erzieht. Deshalb ist die immer wieder formulierte Forderung nach härteren Strafen für solche Gewalttäter nur eine kurzsichtige Reaktion. Viel wichtiger sind vorbeugende Maßnahmen, um zu verhindern, dass aus einem »normalen« Jungen später ein Sexualtäter wird. Wichtig ist in diesem Zusammenhang beispielsweise die Unterstützung und Anleitung junger Mütter und Väter zur liebevollen Erziehung ihrer Söhne.

Zeigen Sie Verständnis

Damit aus unseren Söhnen glückliche Jungen (und später Männer) mit einer gesunden und gewaltfreien Sexualität werden, sollten Eltern also möglichst liebevoll und verständnisvoll sein. Wichtig ist dabei ihr zärtlicher Umgang miteinander und mit ihrem Sohn, denn er prägt den femininen Anteil des Jungen. Dieser wird es später nicht zulassen, dass sein maskuliner Teil einem Mädchen, das er liebt und von dem er geliebt werden möchte, Gewalt antut.

➞ Wenn Ihnen auffällt, dass Ihr Sohn onaniert, tun Sie so, als hätten Sie es nicht bemerkt und vergessen Sie es.

➞ Respektieren Sie seine Intimsphäre. Betreten Sie sein Zimmer nicht mehr, ohne anzuklopfen. Machen Sie auf keinen Fall irgendwelche Bemerkungen über eventuelle Begleiterscheinungen der Masturbation (typischer Geruch, Verwirrtheit). Er rümpft ja auch nicht über den Geruch in Ihrem Schlafzimmer die Nase.

Eine gesunde Sexualität entwickeln

Die Entwicklung einer gesunden und normalen Sexualität beginnt bereits im Kleinkindalter. Sind die Eltern liebevoll und zärtlich zu ihrem Sohn, wird er sich später auch liebevoll und zärtlich verhalten. Je offener Eltern mit ihrer Sexualität umgehen, umso mehr bekommt der Junge davon mit. Sexualität ist dann für ihn etwas Selbstverständliches, das keiner besonderen Einweisung bedarf.

Das bedeutet nicht, dass Ihr Sohn beim Geschlechtsverkehr zuschauen sollte. Doch sollten Sie z. B. Geräusche, die Sie normalerweise beim Liebesakt produzieren, nicht unterdrücken, weil Ihr Sohn sie eventuell hören könnte. Wenn er fragt, was mit Ihnen los war, dann erklären Sie ihm, dass Sie es aus Freude getan haben, so wie auch er hin und wieder Freudenschreie ausstößt.

Gehen Sie mit Ihrer Sexualität angemessen um, verschieben Sie beispielsweise ihre Lust nicht auf die kinderfreie Abendzeit. Täuschen Sie nicht Müdigkeit oder Kopfschmerzen vor, um zu tarnen, warum Sie tagsüber gemeinsam ins Bett gehen. Sagen Sie Ihrem Sprössling ruhig, dass Papi und Mami sich jetzt ganz fest lieb haben wollen und dass sie dabei allein bleiben wollen. Nur kleinere Kinder reagieren darauf eifersüchtig. Hat Ihr Sohn erst einmal erfahren, dass Sie danach eine ganz entspannte Mutter oder ein gut gelaunter Vater sind, wird er es bestimmt akzeptieren.

Respektieren Sie seine Gefühle

➞ Wenn Sie sich Ihrem Jungen gegenüber von Anfang an nackt zeigen, wird er dies lange Zeit als normal empfinden. Erst mit der Schule stellt sich durch den Einfluss anderer Kinder eine Verschiebung in Richtung Schamgefühl ein. Versuchen Sie nicht, dagegen anzukämpfen. Es hat keinen Sinn.

Begegnen Sie Ihrem Sohn mit Achtung und Respekt, auch verbale Übergriffe sind tabu.

➞ Unterlassen Sie Spott und ironische Bemerkungen über sein Schamgefühl. Weder das Beispiel Ihrer Nacktheit noch Diskussionen darüber werden ihn umstimmen können. Wenn Sie gelassen bleiben, kann Ihr Sohn wieder in die andere Richtung tendieren und muss nicht stur bleiben.

➞ Wenn Ihr Sohn in die Schule kommt, wird er sich in seinen Gefühlsäußerungen mehr zurückhalten. Lassen Sie ihn. Der Wettbewerb der Jungen um die Plätze in der Hierarchie ist knallhart. Es ist verständlich, wenn Ihr Sohn nicht das Muttersöhnchen sein möchte, das wegen jeder Schramme weint. Dass er Gefühle hat und diese bislang auch äußern konnte, wird er nicht vergessen. Meist taucht dieses Verhalten in der Pubertät wieder auf, konzentriert sich dann allerdings auf Bereiche unterhalb der Gürtellinie. Ist diese Phase überstanden, wird Ihr Sohn seine Fähigkeit, Gefühle auszudrücken auch wieder auf den nichtsexuellen Bereich erweitern.

So sollten Väter ihre Söhne aufklären

→ Lektion eins: Zögern Sie das entscheidende Gespräch nicht bis zum Gehtnichtmehr hinaus. Wollen Sie der Aufklärung durch die Turnhallen-Experten zuvorkommen, müssen Sie den Zwölfjährigen und seine Reaktionen im Blick haben. Wenn er sich schon für Mädchen interessiert, sollten Sie sich beeilen.
Wählen Sie für das Gespräch einen Ort und eine Zeit aus, die garantieren, dass Sie nicht gestört oder abgelenkt werden. Am besten unternehmen Sie mit ihm – allein! – einen Ausflug, eine Radtour oder etwas anderes, was Ihr Sohn gern macht. Fallen Sie dann nicht sofort mit der Tür ins Haus, sondern nutzen Sie beispielsweise eine Erholungspause, nachdem Sie etwas gemacht haben, was Ihnen beiden Spaß gemacht hat.
Wenn Sie erzählen, sollten Sie Pausen einlegen, vielleicht hat Ihr Sohn eine Frage. Wenn Sie merken, dass ihm das Gespräch peinlich ist, sollten Sie abklären, was diese Peinlichkeit hervorruft. Verschwindet sein Schamgefühl nicht, verschieben Sie das Gespräch auf einen späteren Zeitpunkt.

Die richtige Gelegenheit zu finden ist schwierig. Aber zögern Sie das Gespräch nicht zu lange hinaus.

→ Lektion zwei: Fragen Sie Ihren Sohn auf keinen Fall, ob er schon alles über Sex weiß. Dann ist Ihr Gespräch wahrscheinlich gleich beendet. Beginnen Sie das Thema Aufklärung mit der Schilderung Ihrer persönlichen Situation. Erzählen Sie Ihrem Sohn, dass Sie Ihre Partnerin lieben, und dass Sie manchmal tagsüber Lust haben, nach Hause zu gehen und mit ihr Sex zu haben. Erklären Sie ihm dann – nicht prahlend! –, was Sie tun, wenn Sie Ihre Frau lieben. Damit ist nicht nur der Geschlechtsakt an sich gemeint, sondern das ganze Drum und Dran, Vor und Danach.

→ Lektion drei: Betonen Sie immer wieder, dass Liebe und Sex zärtliche Angelegenheiten sind, keine mechanischen automatisierten Abläufe, auch wenn viele Handlungen und Bewegungen

reflexartig verlaufen. Dass es um Gefühle und Erregung sowie Entspannung geht und nicht um die Technik bestimmter Stellungen. Und dass es dabei schon gar nicht darauf ankommt, schnell zu sein. Es ist wichtig, dass Ihr Sohn die Unterschiede erfährt, wie Frauen und Männer den Orgasmus erreichen. Dazu müssen Sie ihm die Anatomie des weiblichen Genitals und die Funktion der Klitoris erklären. Sagen Sie ihm, dass die Klitoris im Grunde ein kleiner Penis ist und an ihrer Spitze deshalb, wie auch der Penis, sehr empfindlich ist. Erwähnen Sie auch, dass sich ein Penis – je nach Größe – für Frauen durchaus unterschiedlich anfühlen kann. Sagen Sie ihm aber auch, dass die Frauen sich ebenfalls in der Größe von Busen und Scheide unterscheiden. Wenn Ihr Sohn nicht weiß, wie sein Penis funktioniert, sollten Sie das erläutern.

Die erste Liebe – je einfühlsamer die beiden auf diese Erfahrung vorbereitet wurden, umso besser können sie damit umgehen.

➟ Lektion vier: Machen Sie Ihren Sohn darauf aufmerksam, dass Mädchen einen schönen Körper haben und nicht nur eine Scheide. Sie verraten kein Geheimnis, wenn Sie ihm sagen, wo die weiblichen erogenen Zonen sind. Erklären Sie Ihrem Jungen, dass das bei ihm und den Mädchen ganz anders sein kann und es sehr schön ist, miteinander auszuprobieren, wo man mit welchem Gefühl auf welchen Reiz reagiert. Fordern Sie Ihren Sohn zur Rücksichtnahme auf, weil z. B. der Busen von Mädchen sehr druckempfindlich ist und weil Mädchen überhaupt sensibler auf Stöße und Druck reagieren.

➟ Lektion fünf: Schneiden Sie das Thema der Perversitäten an. Erklären Sie ihm, dass im Grunde genommen nichts schmutzig und verdorben ist, solange beide Partner es schön finden. Geben Sie keine Wertung ab. Unwichtig ist auch, bizarre sexuelle Praktiken bis ins Detail zu schildern.

➟ Lektion sechs: Sagen Sie Ihrem Sohn, wie wichtig es für ihn und seine Partnerin ist, dass sie sicheren Sex haben, indem sie Kondome benutzen.

➟ Lektion sieben: Betonen Sie, dass er mit möglichen Problemen selbstverständlich zu Ihnen kommen kann. Fragen Sie ihn, ob er jetzt ungefähr Bescheid weiß. Wenn er nickt, nehmen Sie seine Hand und beglückwünschen Sie ihn, weil er die erste Stufe zum Mannsein geschafft hat. Wünschen Sie ihm, dass er mit seiner Liebe und seinem Sex glücklich wird.

Wechselbäder in Sachen Orgasmus

Die Aufklärung durch gleichaltrige jugendliche Freunde führt zu vielen Missverständnissen gegenüber den Mädchen. Jungen trainieren auf Anraten ihrer unerfahrenen Freunde beim Masturbieren den schnellen Orgasmus. In wettkampfartiger Manier ist Sieger, wer zuerst und möglichst oft kommt. Später müssen ihre Freundinnen, Geliebten oder Frauen die antrainierte Schnelligkeit zügeln. Liebt ein so trainierter Junge ein unerfahrenes Mädchen, kann es zu frustrierenden Erlebnissen kommen.

Die erste Liebe

Jungen sind während der Pubertät, insbesondere in den ersten Wochen ihres Hormonschubs, sehr mit sich selbst und der Entdeckung ihrer körperlichen Veränderungen beschäftigt. Doch um das 15. Lebensjahr nimmt das Interesse am anderen Geschlecht

deutlich zu. Sollte einem Jungen in dieser Phase das Anbandeln mit einem Mädchen gelingen und daraus eine Freundschaft entstehen, dann setzt eine Wandlung ein, die sich Eltern häufig nicht erklären können (oder wollen).

Jungen wollen nicht nur Sex, sie wollen geliebt werden.

Der Mann in ihrem Jungen verhält sich zwar immer noch störrisch, aber er zeigt sich grundsätzlich zunehmend mitteilungsbereiter und zugänglicher – außer in Gesprächen über genau dieses Mädchen seiner Wahl. Es bleibt sein Geheimnis, solange er es für sich behalten will. Aber er ist insgesamt nicht mehr so reizbar, und das Chaos in seinem Zimmer lichtet sich allmählich. War Körperpflege für ihn bisher etwas Abstraktes oder Nebensächliches, so verbringt er jetzt durchaus längere Zeit im Badezimmer. Seine Frisur pflegt er mit Sorgfalt, seine Kleidung ist nicht mehr so nachlässig wie früher. Der Junge ist noch seltener zu Hause als vorher, und wenn, dann führt er gegen seine Gewohnheit stundenlange Telefongespräche. Kurzum: Sohnemann ist verliebt und er lässt es sich auch deutlich anmerken, ohne es eigentlich zeigen zu wollen.

Mütter sollten ihren Söhnen beibringen, worüber sich Mädchen unterhalten, was sie interessiert, was Mädchen gern haben und warum Mädchen so anders reagieren.

Die Teenager-Liebe beginnt unschuldig

Meist beginnt das nähere Kennenlernen eines Teenager-Paares auf ziemlich harmlose Weise und endet keineswegs gleich in der Horizontalen, wie manche Eltern befürchten. Da wird erst einmal Händchen gehalten, und es werden lange Spaziergänge gemacht, meist schweigend. Im Freibad sucht sich das Pärchen dann vielleicht einen weit abgelegenen Platz und kann dort ziemlich heftig zur Sache gehen, doch nicht aufs Ganze. Das Herzklopfen machende Kennenlernen gilt hauptsächlich dem andersgeschlechtlichen Körper, die beiden küssen und ertasten sich und spüren verwundert, welche Gefühle sich in ihnen regen. Da sind zu viel Worte fehl am Platz.

Bleiben Sie gelassen

Die Eltern sollten gegenüber der ersten Liebe ihres Sohnes keine abwertende oder ablehnende Position einnehmen. Für den Jungen ist das Mädchen – ganz gleich, wie unvollkommen es ist – zunächst einmal das Ein und Alles. Wenn sich nach einer gewissen Zeit sein erster Enthusiasmus gelegt hat, betrachtet er seine Partnerin kritischer. Im Übrigen gilt ohnehin: Die meisten Jungen heiraten nicht ihre erste Liebe.

Erst wenn sich die beiden auf diese Weise angenähert haben – dies kann ein paar Wochen dauern –, denken sie daran, miteinander Sex zu haben. Und wenn es so weit ist, wissen die meisten, was zu tun ist, und besorgen sich die Kondome selbst. Dennoch können Sie, wenn Sie nach einer gewissen Zeit den Eindruck haben, dass es so weit ist, Ihren Sohn diskret an diese Möglichkeit der Verhütung erinnern.

Liebeskummer

Die berüchtigten Worte »es ist aus« treffen so manchen Jungen völlig unvorbereitet. Gestern noch heile Welt und Glückseligkeit, heute ein zerbrochenes Herz. Nicht wenige Jungen sind so tief getroffen, dass sie weinen, sich tagelang einschließen und nicht ansprechbar sind.

➞ Eltern sollten verständnisvoll reagieren und ihre Hilfe nicht aufdrängen. Bei Liebeskummer kann niemand helfen. Ihr Sohn muss die Trennungsschmerzen allein durchstehen. Natürlich wünschen sich Eltern, dass er sich bald tröstet, vielleicht durch eine andere Beziehung. Aber sparen Sie sich diesen Rat, denn das will er ja gerade nicht.

Wenn Jungen mit Liebeskummer Schokolade essen, drücken Sie beide Augen zu. Schokolade enthält Stoffe, die etwas von den Gefühlen ersetzen, die er beim Verliebtsein empfindet.

Ein Junge, der sehr viel Engagement und Hoffnung in die Freundschaft gesteckt und intensive Gefühle erfahren hat, leidet wesentlich länger als ein Junge, für den diese zerbrochene Freundschaft nur ein kurzes Intermezzo bedeutete.

Wenn ihm Mädchen schnuppe sind ...

... trifft das die meisten Eltern wie ein Schock. Ihr Sohn und schwul? Das darf doch nicht wahr sein! Mancher Vater lässt sich bei der Entdeckung dieser Tatsache oder bei dem Geständnis des Sohnes zu einem impulsiven Ausbruch hinreißen. Aber er kann seinen Sohn verachten oder ihn aus dem Haus jagen: Beides wird den Jungen nicht ändern, sondern nur vertreiben. Nicht, dass die Eltern kein Recht hätten zu erschrecken oder ihre Erziehung in Frage zu stellen. Sie dürfen auch nach der »Schuld« suchen. Das wird jedoch ohne irgendeine Wirkung auf die Tatsache bleiben. Sicher, es werden keine Enkelkinder auf ihrem Schoß sitzen. Das ist für manche Eltern traurig. Aber den Sohn für immer zu verlieren, nur weil man seine Homosexualität nicht tolerieren kann, ist das härteste Schicksal, was Eltern zustoßen kann. Das muss nicht sein.

Gehen Sie Ihrem Ärger auf den Grund! Was macht Ihren Sohn plötzlich so unannehmbar? Ist er auf einmal anders, weil er schwul ist? Hätten Sie es nicht erfahren, dann wäre er doch noch der Alte, mit allen Sympathien!

Männer haben Angst vor Schwulen

Es sind weniger die Mütter als vielmehr die Väter, die sich durch den andersartigen Sohn verletzt fühlen. Selbst die beste Aufklärung hat es noch immer nicht vermocht, Männer in ihrem Innersten zu Toleranz gegenüber Homosexuellen zu erziehen. Daran ändert auch nichts, dass Männer eigentlich nichts gegen Schwule haben. Aber ein Schwuler im eigenen Haus und in Gestalt des eigenen Sohnes, das ist »etwas anderes«.

Im Grunde haben die allermeisten Männer Angst vor Schwulen. So könnte man die getarnte Ablehnung des Schwulseins beschreiben. Noch immer gehören Schimpfworte zu diesem Thema zu den schlimmsten Beleidigungen. Auch dann, wenn die Jungen, die das aussprechen, gar nicht genau wissen, was damit gemeint ist.

Die Verständnislosigkeit der Eltern untergräbt das für den Jugendlichen so wichtige Selbstbewusstsein.

Die Neigung des Sohnes akzeptieren

Viele Männer sind sehr unsicher, wie man mit einem Schwulen richtig umgeht und haben Angst, etwas falsch zu machen. Auch fürchten sie den Klatsch der Nachbarn, Verwandten und Freunde. Dabei muss sich für die Eltern eigentlich so gut wie gar nichts in der Beziehung zu ihrem Sohn ändern. Und auch um sein Schicksal können sie sich nicht anders sorgen als bei einem heterosexuellen Sohn. Statt Mädchen wird er eben Jungen oder Männer mitbringen und als seine Freunde vorstellen. Das Allerschlimmste für einen homosexuellen Jungen ist, wenn ihm seine Eltern wegen seiner Homosexualität die Tür weisen. Viele Selbstmorde von Jungen werden möglicherweise deshalb verübt, weil die Jungen spüren, dass sie sich nicht für Mädchen interessieren und sie mit ihrer Entdeckung nicht umgehen können. Ein homosexueller Junge braucht Hilfe und Zuwendung wie jeder andere Junge auch. Wird sie ihm verweigert, beginnt oft ein verzweifelter Spießrutenlauf durch die Gesellschaft.

Jeder Junge, der nicht so ist wie die anderen oder der nicht so tut, als wäre er so wie die anderen, kann auf diese Art und Weise fertig gemacht werden.

Jungen und ihre Sexualität: zwischen Übersehen und Missbrauch

In allen Entwicklungsphasen ihres Sohnes werden Eltern mehr oder weniger mit seiner Sexualität konfrontiert, nicht nur oder erst in der Pubertät. Wer das nicht wahrhaben möchte oder sich sogar abwendet, der verleugnet einen wesentlichen Teil der Persönlichkeit seines Kindes. Diese Zurückhaltung der Eltern sowie das andere Extrem, die verletzende Respektlosigkeit, sind ebenso unverständlich wie gefährlich für die Psyche des Kindes. Das gilt selbstverständlich genauso für Mädchen. Warum dieses Thema dennoch in einem Buch über Jungen einen Sonderplatz erhält, liegt begründet in der Struktur unserer Gesellschaft. Jungen verbringen die meiste Zeit ihrer Kindheit mit Müttern, Erzieherinnen und Lehrerinnen – also mit Frauen, nicht mit Männern. Aus eigenem Erleben können Frauen mit der Sexualität von Mädchen in der Regel besser umgehen, mit der von Jungen gehen sie nicht selten hilflos oder verletzend um. Die sexuellen Übergriffe auf Jungen finden in der Mehrzahl nicht durch fremde Personen statt, sondern durch weibliche Vertraute der Jungen. Oft werden sie von den Täterinnen gar nicht als Übergriffe erkannt.

Der natürliche Umgang mit dem eigenen Körper ist die beste Voraussetzung dafür, dass ihr Kind eine unverkrampfte Sexualität entwickelt.

Die Lust am Genital ist ganz normal

Kinder entdecken und erleben ihren Körper, besonders in den genitalen Zonen, mit wachem Interesse und sicher auch mit Lust. Das ist nicht irgendeine Lust, wie sie beim Essen verspürt wird. Kinder registrieren so etwas wie wohlige Gefühle, wenn sie sich »da unten« berühren. Einige Jungen lernen auf diese Weise früh das Masturbieren. Das ist ganz normal. Was empfinden Jungen aber, wenn die Hand der Mutter ihnen beim Pipimachen hilft? Etwa nichts? Schalten sie dann ihr Gefühl ab, weil es die

Mutter ist? So manche Mutter bekommt einen Schrecken und nicht selten ein schlechtes Gewissen, wenn der Penis ihres Jungen beim Wechseln der Windel steif wird. Habe ich etwas falsch gemacht, eine intime Grenze überschritten, wird sie sich fragen? Hat sie nicht, noch nicht. Sie hat mit ihrer Berührung dem Kind ein Gefühl verschafft und anschließend bemerkt, dass das kein Thema ist oder sein darf.

Dahinter verbirgt sich die Angst, zärtliche Berührungen könnten schon als Vergehen an der kindlichen Unschuld gewertet werden. Schon diese so genannte kindliche Unschuld aber soll signalisieren, dass es keine kindliche Sexualität gibt. Durch solches Verhalten entstehen Sexualängste, die über Generationen weitergegeben werden. Falsch handelt eine Mutter jedoch erst dann, wenn sie die sexuellen Regungen eines Jungen für sich selbst nutzt, um sexuelle Entbehrungen auszugleichen.

Ihr Sohn braucht Ihre Zärtlichkeit – aber respektieren Sie seine Intimsphäre, seine Bedürfnisse und Gefühle.

Der Sohn muss nicht wie die Mutter empfinden

Die notwendigen sexuellen Abgrenzungen zwischen Müttern, aber auch Vätern und ihren Söhnen sind von vielen Vorurteilen, aber auch Verharmlosungen geprägt. Wenn die Mutter nichts »dabei empfindet«, während sie am Wegrand den Penis ihres Sohnes zum Pieseln wie selbstverständlich der Öffentlichkeit präsentiert, heißt das noch lange nicht, dass der Kleine das auch so selbstverständlich als normal empfindet.

Auf der anderen Seite sollte die Mutter begreifen, dass sich hinter dem Verhalten ihres Sohnes Sexualität und nicht nur Neugier verbirgt, wenn er ihr im Schulalter zum wiederholten Mal an den Busen fasst. Dann ist eine Abgrenzung nach dem Motto »Mein Busen gehört mir und ich will nicht, dass du ihn berührst« erforderlich. Das ist dringend notwendig, um die Mutter-Sohn-Beziehung nicht zu sexualisieren.

Halten Sie die Grenzen, die Ihr Sohn Ihnen zeigt, ein. Aber legen Sie ihm auch Ihre dar. »Grenzen« sind keine Einbahnstraßen.

Öffentliches Leben und Schule

Unsere Schulen haben einen gesetzlich formulierten Erziehungsauftrag, den sie jedoch manchmal mehr schlecht als recht erfüllen. An vielen Schulen herrscht ziemliches Chaos. Inhaltslastige Lehrpläne müssen durchgezogen werden. Die Klassen sind überfüllt, denn es ist zu wenig Geld für Lehrer da. Die Lehrer sind frustriert, weil sie sich überfordert fühlen. Die Schüler scheinen immer aufsässiger zu werden, immer gewalttätiger. In den Klassen bemühen sich nur noch engagierte Lehrer um ein Mindestmaß an Disziplin. Vor allem die Jungen fallen als Randalierer und Störer auf. Wie können wir da unseren Söhnen helfen, sich in diesem Chaos zurechtzufinden und trotz allem etwas zu lernen?

Ihr Sohn kommt in die Schule

Was weckt in der Schule Aggression und Gewalt?

> Kein Wunder, dass immer mehr Eltern ihre Kinder in private Montessori- oder Waldorfschulen schicken.

Was ist los an den Schulen und warum sind es Jungen, die das Chaos perfekt machen? Versetzen Sie sich einmal in einen Jungen, der gerade eingeschult wird. Er hat gerade einige Wochen Ferien verlebt, er durfte jeden Tag spielen, umhertoben, auf Bäume klettern und mit anderen Jungen und Mädchen wilde Spiele spielen. Er hat seine letzte echte Freiheit gut genutzt. Und jetzt beginnt für ihn der Ernst des Lebens. Damit ihm der Einstieg nicht so schwer fällt, hat er auch eine große Schultüte erhalten, mit allerhand süßen Sachen drin. Unser Erstklässler ist guten Mutes, er freut sich schon auf die Schule, vor allem, weil er damit zu den anderen, den größeren gehört, die bis jetzt spöttisch auf ihn herabgeblickt haben. Er darf also jetzt bald mitreden mit den Großen.

Stundenlanger Frontalunterricht ist für viele Jungen nur schwer auszuhalten.

Doch von einem Tag auf den anderen ist ihm auch alles Mögliche verboten. Plötzlich muss er sich beherrschen. Er muss still sitzen, darf nicht laut sein, er darf nichts sagen ohne Erlaubnis, er darf nicht aus dem Fenster schauen, er darf nicht träumen, er darf nicht mit seinem Nachbarn tuscheln, er darf nicht mit seinen Bleistiften spielen und sein Pausenbrot nicht essen, wann er will. So viele »darf nicht« auf einmal hat es weder zu Hause noch im Kindergarten gegeben. Und wenn er doch etwas macht, was er nicht darf, wird er gleich ermahnt.

Und lernen und aufpassen und konzentriert bei der Sache sein soll er auch noch! So hat er sich den Ernst des Lebens nicht vorgestellt.

Er erlebt, dass er und die anderen Jungen nun ständig ermahnt und gemaßregelt werden und dass die Mädchen besser wegkommen, weil sie scheinbar leichter viel länger still sitzen können. Schon in den ersten Wochen kommt ihm der Verdacht, dass Schule ganz schön blöd ist. Unser Erstklässler, das ist offensichtlich, fühlt sich allein schon durch die Disziplinierungsgebote der Schule überfordert.

Diese beiden lassen sich die Zeit für einen Plausch zwischendurch nicht nehmen.

Wann ist ein Kind schulreif?

Ein überfordertes Kind ist eigentlich nicht schulreif. Müssten die Abc-Schützen einen am Niveau der gleichaltrigen Mädchen aus-

gerichteten Schultest machen, würde ein großer Teil der Jungen durchfallen. Der normale Schultest mit deutlich tiefer angesetztem Niveau lässt schon etwa 30 Prozent mehr Jungen als Mädchen durchfallen. Sie werden dann im Schulkindergarten gefördert. Ein großer Teil von ihnen ist im Vergleich zu gleichaltrigen Mädchen feinmotorisch unterentwickelt. Ein großer Teil von ihnen ist den Mädchen sprachlich unterlegen. Und ein großer Teil der Jungen beherrscht seinen Körper nur schlecht im Sinne schulischer Disziplin. Als Folge davon bleiben viele Schüler später sitzen oder schaffen den Abschluss nicht. Die Zahlen sind eindeutig: Es gibt mehr Jungs als Mädchen mit schulischen Problemen. Wer mit so vielen Benachteiligungen leben muss und in einer Klasse mit viel besser entwickelten Mädchen unterrichtet wird, kann noch so viel Ehrgeiz haben, er wird nur selten zu den Klassenbesten gehören. Doch genau das wollen Jungen unbedingt. Hat nicht schon die Mutter gesagt, der Junge soll fleißig lernen, damit mal etwas aus ihm wird? Hat nicht der Vater gesagt, der Junge sei intelligent und sein ganzer Stolz, er solle ihn (den Vater) bloß nicht enttäuschen?

Kämen Jungen ein Jahr später in die Schule, hätten sie keinen Rückstand gegenüber den Mädchen. Sie könnten ihre gesamte Kraft auf das Lernen konzentrieren.

Warum die Jungen randalieren

Sie ahnen es schon: Ein großer Teil der Schüler führt einen ziemlich aussichtslosen Wettbewerb mit den Mädchen. Wer immer verliert, wird nach und nach traurig und deprimiert. Weil Jungen aber kleine Männer sind und sich »männlich« verhalten wollen, dürfen sie ihre Trauer nicht zeigen. Sie kompensieren die schlechten Leistungen durch Störattacken und Randale. Das hilft ihnen, mit schlechten Noten besser zurechtzukommen.

Tatsache ist: Jungen entwickeln bestimmte Fertigkeiten später und langsamer. Würde man sie später einschulen, könnten sie besser und konzentrierter lernen, und es gäbe weniger Störenfriede.

Getrennter Unterricht?

Aus dem radikalfeministischen Lager kommt die Forderung nach geschlechtergetrenntem Unterricht. Ohne Jungen, so ihre These, wären Mädchen nicht dem Druck ausgesetzt, den Jungen in den mathematischen Fächern ausüben, weil sie darin besser sind. Als erstes Bundesland hat Nordrhein-Westfalen inzwischen in einigen Fächern eine Trennung von Jungen und Mädchen eingeführt. Mit diesem Schritt wurde der bisherige Unterricht zugunsten der Mädchen verändert. Gerechterweise müssten nun auch in den (vorwiegend sprachlichen) Fächern, in denen Mädchen besser sind und mit ihrer Überlegenheit die Jungen verunsichern, die Jungen durch eine Trennung begünstigt werden. Dann könnte es jedoch so weit kommen, dass der Schulunterricht nicht mehr viel Gemeinsamkeit für Jungen und Mädchen bietet. Statt es dazu kommen zu lassen, wäre es besser, den Wettbewerbsdruck an den Schulen zu mindern. Mädchen und Jungen sollten lernen, miteinander zu arbeiten – sie müssen es später im Berufsleben auch.

Studien über die Lebensumstände der Randalierer zeigten ein übereinstimmendes Merkmal: Ein großer Teil dieser Jungen hatte entweder keinen Vater oder einen Vater, der sich nicht um sie kümmerte.

Doch man darf deshalb nicht einfach glauben, diese Jungen wären disziplinlos, weil ihnen die strenge Hand der Väter fehlte. Nein, diesen Jungen fehlte der Vater, der ihnen bei Problemen Hilfestellung bietet. Warum ihnen stattdessen die Mutter nicht helfen kann, hat wiederum seinen Grund im Männlichkeitsbild von Männern und damit auch von Jungen. Denn in bestimmten Lebensabschnitten lässt ein Junge sich nicht von der Mutter helfen, sonst würde er vor sich selbst und vor seinen Freunden als Muttersöhnchen dastehen.

Jungen bleiben unter sich

Ab dem fünften Lebensjahr Ihres Jungen können Sie beobachten, dass Ihr Sohn immer seltener mit Mädchen spielt. Als Schuljunge verstärkt sich dieses Verhalten noch erheblich. Das liegt nicht etwa daran, dass die Jungen erkennen, dass Mädchen besser sind. Jungen wollen vielmehr bewusst als männliche Typen auftreten, und ein vertrautes Spiel mit Mädchen könnte von anderen Jungen als unmännlich eingeschätzt werden. Das führt unter Umständen sogar dazu, dass ein Junge und ein Mädchen, die den gleichen Schulweg haben, nicht miteinander zur Schule gehen. Der Junge achtet möglicherweise stets darauf, dass zwischen ihm und dem Mädchen ein gebührender Abstand besteht.

Durch ein bisschen mehr Engagement in Sachen »Sohn und Schule« ersparen sich Väter zukünftige Sorgen.

Jungen spielen auch in den Pausen nicht mit Mädchen. Sie necken oder ärgern sie allenfalls. Zu den beliebtesten Spielen vorpubertärer Jungen gehört es beispielsweise, gleichaltrige Mädchen im Schwimmbad ins Wasser zu werfen. Den Mädchen gefällt das, sie fühlen sich dadurch sehr beachtet. Die Jungen führen ihre Attacken jedoch teilweise mit unangemessener Härte aus. Und zwar meist genau dann, wenn am Beckenrand die anderen Jungen grölend zuschauen. Wäre nicht eine Gruppe von Jungen an diesem Spielchen beteiligt, sondern ein einziger Junge, würde er weniger Gewalt anwenden. Es gäbe keine Mitwisser für sein »unmännliches« Feingefühl, seine Rücksichtnahme oder sogar behutsame zärtliche Annäherung.

Gemeinsam sind wir stark!

Wenn die Vaterfigur fehlt

Jungen lassen sich im Alter von sechs bis zwölf Jahren am liebsten von Männern helfen. Gibt es zu Hause keinen Mann, der dem Jungen hilft, dann wird er vermutlich mit Disziplinlosigkeit auf sich aufmerksam machen. Seine rechte Gehirnhälfte signalisiert ihm nämlich beim Auftreten eines Problems, dass er handeln soll. Mädchen gehen ein Problem anders an. Sie können mit ihrer linken Gehirnhälfte das Problem verbalisieren, also fragen. Wenn Jungen dagegen auf ein Problem stoßen, werden sie aktiv und verhalten sich in irgendeiner Weise auffällig, wodurch sie den Lehrer häufig nötigen, sofort einzuschreiten.

In der Grundschule sind männliche Lehrer selten. Erst als Oberstudienräte tauchen sie gehäuft auf.

Freilich löst das nicht unbedingt das Problem. Erfahrene Lehrer wissen jedoch, dass hinter den rüpelhaften Aktionen ein Hilferuf steckt und dass die Jungen mit der größten Klappe oft die meiste Angst haben. In der Schule könnten solche Lehrer von vornherein dafür sorgen, dass die Störer gar nicht in Aktion treten müssen. Sie müssten sich nur mehr um die vaterlosen Jungen kümmern, bevor diese Randale machen.

Doch das Kümmern wird in der Schule in der Regel klein geschrieben. Es könnte als Bevorzugung ausgelegt werden oder als Distanzlosigkeit, was einem Autoritätsverlust gleichkäme. Also werden die Störenfriede auf Abstand gebracht, sie werden isoliert, vom Unterricht ausgeschlossen oder mit dem üblichen Verweissystem »vertrieben«. Diese Maßnahmen gleichen aber eher einem Strafvollzug als einer pädagogischen Betreuung. Und weil an den Schulen üblicherweise mehr Frauen beschäftigt sind als Männer, ist die Betreuung von Jungen mit Vaterdefiziten keine einfache Angelegenheit.

Solche Vaterdefizite sind weit verbreitet. Zum einen gibt es immer mehr allein erziehende Mütter, die mit dem Problem der vaterlosen Erziehung konfrontiert sind. Doch auch in den Familien mit

Vätern herrscht in gewissem Sinne Vaterlosigkeit. Es gibt kaum Väter, die sich bei Elternsprechtagen nach ihren Söhnen erkundigen. Ebenso ist die Aufsicht bei den Hausaufgaben meist eine Sache der Mütter. Väter halten sich in der Regel da raus – und nicht nur, weil sie am Nachmittag nicht zu Hause sind.

Das können Väter tun

Ein allabendliches Gespräch zwischen Vater und Sohn bringt Papa auf den Stand und erleichtert den Sohn.

- Zeigen Sie Interesse an dem Schulalltag Ihres Sohnes. Hören Sie ihm zu, wenn er Ihnen etwas aus der Schule erzählt. Aus den Details können Sie schließen, welche Stimmung in der Schule vorherrscht und ob Sie korrigierend gegensteuern müssen.
- Stellen Sie sich den Schulproblemen Ihres Sohnes und bieten Sie Hilfen an, damit er sie bewältigen kann. Liefern Sie jedoch keine perfekten Lösungen. Schlagen Sie allenfalls Lösungsmöglichkeiten vor und bevorzugen Sie eine Möglichkeit, die Sie auch begründen können. Besser ist es aber noch, wenn Sie mit Ihrem Sohn gemeinsam Lösungen erarbeiten. Zeigen Sie ihm dabei, wie man analytisch denkt. Wichtig ist, dass Ihr Sohn lernt, über das Problem, seine Ursachen und Auswirkungen nachzudenken, damit er darin Übung bekommt und später selbstständig Problemlösungen erarbeiten kann.

Die Lehrer sind an allem schuld

Wann immer Jungen nach dem Grund ihrer schlechten Leistungen oder ihrem Schulfrust gefragt werden, sind immer die Lehrer und die Lehrerinnen daran schuld. Subjektiv gesehen haben die Jungen sogar oft Recht, aber in der Realität sieht es meist anders aus. Denn so viele Lehrer können gar nicht so blöd und verantwortungslos sein, wie von den Schülern behauptet wird.

Wer sich näher mit der Schule beschäftigt, wird erkennen, dass viele Lehrer ziemlich überfordert sind. Sie sollen einerseits Lerninhalte vermitteln, andererseits müssen sie sich ständig mit der Disziplinierung von Jungen beschäftigen.

Wie ein guter Lehrer sein sollte

Ein guter Lehrer (bzw. eine gute Lehrerin) hat ein souveränes Auftreten. Er biedert sich nicht bei den Jungen an und ist nicht freundlicher zu den Mädchen. Er ist gerecht und lässt seine Schüler ausreden. Er ist kein leerer Lehrkörper, sondern lässt viel Persönliches in den Unterricht einfließen. Die Schüler erhalten dadurch ein menschliches Bild von ihm. Das verschafft ihm Sympathie. Ein guter Lehrer kann persönliche Interessen mitteilen, die den Schülern Achtung abgewinnen, ihnen imponieren. Er organisiert über den normalen Unterricht hinaus Kurse und Arbeitsgemeinschaften, die sich nichtschulischen Inhalten widmen und die freiwillige Teamarbeit fördern. Ein guter Lehrer gerät nie in die Defensive, er leitet den Unterricht vorausschauend und agiert mit Dramaturgie, z. B. Spannung und Entspannung. Er lässt besonders die Jungen seine Überlegenheit nicht spüren und vermeidet Provokationen.

Würden sie sich mit den Störenfrieden beschäftigen, was den Unterricht ruhiger gestalten würde, kämen die anderen, braven Schüler sicher zu kurz. Also versuchen sie beiden Seiten gerecht zu werden. Doch auch halbwegs gebändigte Störer fühlen sich durch Reglementierungen provoziert. Es ist verständlich, dass sich dann selbst lernwillige Schüler kaum auf die Inhalte des Unterrichts konzentrieren können. Missverständnisse sind also vorprogrammiert und werden wie selbstverständlich dem Lehrer angelastet. Der Lehrer wird damit sozusagen zum Prügelknaben für Versäumnisse von Vätern gegenüber ihren Söhnen.

Das Kreuz mit den Hausaufgaben

Zu den anstrengendsten Kapiteln der Schule zählt bei vielen Eltern die Beaufsichtigung der Hausaufgaben. Obwohl die Lehrer den Eltern immer wieder mitteilen, dass die Hausaufgaben von den Schülern gemacht und allenfalls von den Eltern beaufsichtigt und kontrolliert werden sollen, ist die Handschrift vieler Mütter und manchmal auch der Väter unverkennbar vorhanden. Sie mischen sich ein, weil sie glauben, ihr Kind dürfte nicht mit falschen Ergebnissen in die Schule kommen. Doch darin irren sie sich, und sie bringen das Kind eher in Schwierigkeiten. Denn Hausaufgaben dienen hauptsächlich zwei Zwecken:

- Hausaufgaben sind eine Kontrolle für den Lehrer, ob der Schüler die Inhalte des Unterrichts verstanden hat. Enthalten die Hausaufgaben mehrerer Schüler den gleichen Fehler, erkennt er, dass die Ursache im Unterricht liegt.
- Hausaufgaben sind Übungen, um das Erlernte zu vertiefen und richtig anzuwenden.

Vorsicht vor übertriebener Hilfe bei den Hausaufgaben! Sie könnte falsche Signale setzen.

Wie viel dürfen die Eltern helfen?

Das bedeutet nun wiederum nicht, dass Eltern jeden Fehler in den Hausaufgaben durchgehen lassen müssen. Macht das Kind beispielsweise viele Flüchtigkeitsfehler, sollten sie nach den Gründen für seine mangelnde Konzentration suchen. Die Verringerung des Lärmpegels und das Ausschalten von Hintergrundgeräuschen wirken sich z. B. deutlich positiv auf die Konzentrationsfähigkeit aus. Eltern können ihren Kindern und besonders Jungen auch bei der Organisation ihrer Hausaufgaben helfen. Sie können ihnen beibringen, systematisch vorzugehen. Beispielsweise könnten Kinder mit den schwierigen Aufgaben beginnen und sich danach mit leichten Aufgaben belohnen, die auch Spaß machen. Lässt sich ein Junge nur schwer zu den Hausaufgaben überreden, kann ein um-

gekehrtes Vorgehen sinnvoll sein. Die leichte Aufgabe, die Spaß macht, liefert die Motivation, auch die schwierigen Aufgaben lösen zu wollen.
Selbstverständlich sind elterliche Hilfsdienste erlaubt, dort wo sie sinnvoll sind: Etwa beim Abhören von Vokabeln oder Auswendiglernen von Gedichten.

➡ Hausaufgaben, die trotz bester elterlicher Aufsicht stundenlang dauern, sollten Sie beim Lehrer reklamieren. Hausaufgaben müssen dem Kind genügend Freizeit und Zeit für die Erledigung häuslicher Pflichten lassen.

➡ Wenn Sie spüren, dass sich alles um die Schule und die Hausaufgaben dreht, sollten Sie mit dem Lehrer darüber sprechen. Schule ist zwar ein wichtiger Lebensabschnitt für Ihr Kind, aber sie darf nicht den Alltag einer Familie beherrschen.

Eine schlechte Handschrift ...

... gehört zu vielen Jungen wie die obligatorische Baseballmütze. Das liegt zum einen daran, dass die Schreibschrift, die die Kinder lernen, sehr unhandlich ist. Eine zügigere, mit weniger umständlichem Absetzen des Schreibgeräts verbundene Schrift gibt es bereits, sie wird z.B. gerade erst in Bayern in der ersten Klasse der Grundschule eingeführt. Zum anderen sind auch Achtjährige feinmotorisch noch ziemlich ungeschickt. Sie sind noch Grobmotoriker und können gar nicht auf die Feinheiten einer flüssigen Handschrift mit vorgeschriebenen Höhen achten, von den Tintenklecksen ganz zu schweigen. Wenn Ihr Sohn eine schlechte Handschrift hat, können Sie ihm erklären, dass sie durch Üben besser werden kann; Sie sollten ihn aber nicht zum Üben zwingen. Am besten ist es, einfach abzuwarten, bis die grobmotorische Phase beendet ist. Lassen Sie Ihren Sohn lieber seinen Bewegungsdrang ausleben, wo immer es geht.

Gewalt an den Schulen

»Haut'se, haut'se, immer auf die Schnauze ...« Diesen Spruch kennen wohl alle Väter. Wie ein Schlachtruf war er immer dort zu hören, wo eine Rauferei auf dem Schulhof, den Gängen oder im Umkleideraum der Sporthalle entstand. Gewalt in der Schule ist also kein neues Thema. Doch in den Medien ist immer wieder von steigender Gewalt an Schulen die Rede. Und das ist leider Tatsache: Gewalt hat es schon immer gegeben, nur war sie nicht so hart und brutal wie heute.

Nicht die Gewalt, sondern die Gewaltbereitschaft hat zugenommen.

Doch nicht alle Schulen sind gleichermaßen betroffen. Gymnasien und Grundschulen rangieren am unteren Ende der Skala, fast gewaltfrei sind Montessori- und Waldorfschulen. Besonders häufig werden dagegen Hauptschulen »heimgesucht«, vor allem in den Großstädten.

Ausgelassenheit in einer Gruppe kann durchaus in Gewalt umschlagen, wenn ein unliebsamer Außenseiter auftaucht!

Erstens sind Jungen an den Hauptschulen überrepräsentiert und zweitens sind Hauptschulen in der Regel ausgehöhlt, weil der Großteil der intelligenten und lernwilligeren Mädchen und Jungen auf die höheren Schulen abgewandert ist. Ein weiterer Grund ist, dass die Lehrer durch zu große Klassen ihre Arbeit häufig auf die Disziplinierung der Störer und Beschäftigung der braven Schüler beschränken müssen. Manche Lehrer übertreiben auch keinesfalls, wenn sie vor dem Unterricht ihre Schüler auf Waffen kontrollieren. Zu den bewaffneten Schülern zählen jedoch nicht nur Täter, sondern auch bedrohte Schüler, die sich mit Waffen verteidigen wollen.

Die Gründe für die Eskalation der Gewalt an den Schulen sind vielschichtig. Die Tatsache, dass Montessori- und Waldorfschulen so gut wie keine Gewalt unter den Schülern registrieren, deutet auf ein Versagen der »normalen« öffentlichen Schulen hin. An diesen »anderen« Schulen wie auch vielen Privatschulen wird vorbildlich auf die entwicklungsbedingten Bedürfnisse der Kinder eingegangen. Allerdings sind auch die Eltern dieser Kinder in der Regel sehr stark engagiert und auf ihre Förderung bedacht.

Einer steckt die anderen an

Nach Aussagen vieler Lehrer sind je nach Schule etwa zwei bis neun Jungen pro Klasse als gewalttätig einzuordnen. In vielen Klassen ist sogar kein Junge von sich aus gewalttätig. Doch diese Minderheit gewalttätiger Jungen ist in der Lage, sämtliche Jungen der Klasse, mitunter sogar der ganzen Schule, zu terrorisieren. Sie werden meist unterstützt von aktiven und passiven Sympathisanten. Die Ausübung der Gewalt erfolgt übrigens nicht nur physisch, sondern auch psychisch.

Die Täter gehen straffrei aus

Gewalttätige Jungen können anderen Schülern physisch oder psychisch das Leben extrem schwer machen. Sie können sie sogar so terrorisieren, dass sie keinen Ausweg mehr wissen und sich das Leben nehmen. Trotzdem gibt es keinen rechtlichen Schutz. Bei Körperverletzung, die von einem Arzt attestiert sein muss, kann eine Anzeige erfolgen. Der oder die Täter werden jedoch in der Regel wegen Strafunmündigkeit nicht belangt. Eltern sollten sich darum sehr gründlich überlegen, welche Vor- und Nachteile diese Maßnahme für ein Kind hat. Möglicherweise gerät es dadurch erst recht in einen Kreislauf von Gewalt und Repression.

Außenseiter sind bevorzugte Opfer

Die gewalttätigen Jungen suchen sich an der Schule ihre Opfer regelrecht aus und provozieren sie so lange, bis sie einen »Fehler« machen. Zu den typischen Opfern gehören vor allem Jungen, die sich der Gruppe um die Gewalttäter nicht anschließen. Besonders gefährdet sind Außenseiter, also Jungen, die beispielsweise behindert sind, als besonders empfindsam gelten oder gute Noten haben. Zielscheibe der Gewalt sind auch dicke, extrem dünne oder besonders schwache Jungen – aber auch Jungen mit einer selteneren oder keiner Religionszugehörigkeit. Manchmal kann der Grund einer Attacke ebenso die Frisur oder eine unmoderne Hose sein. Es ist auch schon vorgekommen, dass ein Junge zur Zielscheibe wurde, weil ihn sein Vater, der als Elternbeirat etwas in der Schule zu erledigen hatte, auf dem Schulweg begleitete.

Mutige, den Aggressoren widersprechende und starke Jungen können ebenfalls ins Visier der Gewalttäter geraten, wenn sie beispielsweise den Opfern zu Hilfe kommen.

An diesen Außenseitern statuieren die gewalttätigen Jungen gewissermaßen ein Exempel. In der Regel werden die Opfer mehrmals oder auch ständig »benutzt«, um eine männliche Ordnung und Hierarchie (neben der Leistungshierarchie in der Klasse) aufzustellen und zu festigen. Wichtig ist den Schlägern dabei meist, dass sie die »Exekution« vor anderen Kindern durchführen. Das sichert ihnen Respekt, Anerkennung und eine ergebene Gefolgschaft. Mit den körperlichen Misshandlungen eines Einzelnen sind auch oft Demütigungen und Erpressungen verknüpft.

Wer sind die Täter?

Die Gewalttäter sind meist Schüler, die im Unterricht durch schlechte Leistungen auffallen. Sie verdrängen die Bedeutung von schlechten Noten oder Tadeln bzw. betrachten sie sogar als Auszeichnungen, die sie wie eine Sammlung pflegen. Oft erfahren diese Jungen zu Hause keine Anerkennung, vor allem keine väterliche. Den Einsatz von Gewalt haben sie entweder von ihren Eltern, älteren Brüdern oder anderen Jungen erlernt, weil sie selbst deren Opfer waren oder sind. In der Hauptsache dient ihnen die Gewaltanwendung zum Ausgleichen offensichtlicher Schwächen oder Komplexe. Gewalttätige Jungen haben selbst nie oder nur wenig Anerkennung und Lob erhalten (siehe dazu das Kapitel »Gewalt kommt nicht von allein«, Seite 44ff).

Das Täterprofil

- Betont extra-cooles Gehabe oder/und Auftreten in Rambo-Manier
- Herausforderndes Abwarten, sich provozierend in den Weg stellen
- Interesse an Gewalt und Waffen, Bewunderung von Gewaltaktionen und PS-starken Fahrzeugen, Konsum von grausamen Video- oder Computerspielen
- Respektloses oder provozierendes Auftreten gegenüber Minderheiten wie Behinderten, Ausländern und »unmännlich« wirkenden Jungen sowie Aggressionen gegenüber Frauen, Mädchen, jüngeren Kindern und älteren Menschen

Die Rolle der Schule

Die Schulen spielen bei der Entwicklung von Gewalt oftmals eine ungewollt verstärkende Rolle. Statt den gewalttätigen Jugendlichen bei der Bewältigung ihrer Komplexe oder Schwächen zu helfen, betreiben sie in der Regel eine Politik der Ausgrenzung und

Bestrafung und drängen damit die Jungen noch mehr in die Gewalttätigkeit. Nach dem Schema, wer den Unterricht stört, muss zunächst in der Ecke stehen, Strafarbeiten machen oder die Stunde verlassen, bereiten die Lehrer den Boden für gewaltträchtige Reaktionen oft selbst vor. Gewalt, Disziplinlosigkeit, Stören und Randale sind untrügliche Anzeichen für ein Bedürfnis der Schüler nach erhöhter Aufmerksamkeit und Anerkennung durch einen Mann. Meist fehlt diesen Jungen die Anerkennung und Zuneigung des Vaters oder auch dessen Autorität. Eine Lehrerin kann da auch mit größtem Einfühlungsvermögen und hervorragender Förderung wenig ausrichten. Ein solcher Schüler müsste eigentlich in eine Klasse versetzt werden, die ein Mann leitet, welcher einen positiven Einfluss auf ihn ausüben könnte.

Provozierendes Verhalten der Lehrer

Erniedrigung – auch durch überforderte Lehrer – ist oftmals Auslöser für Gewalt!

Mitunter ist es aber auch der Lehrer selbst, der die Gewalt provoziert, weil er den um Aufmerksamkeit heischenden Schüler als Gegner empfindet und ihn aus überlegener Position schikaniert oder drangsaliert. Er wertet ihn ab, stellt ihn vor den Mitschülern als klein und nutzlos dar und fordert auf diese Weise eine Gegendemonstration von »Größe« auf anderem Gebiet geradezu heraus. In der Pause wird dieser Junge seinen Mitschülern dann schlagkräftig beweisen, was für andere Qualitäten in ihm stecken.

Auf den Einsatz von Fäusten folgt vielfach die Anwendung von Waffen. In einer Frankfurter Hauptschule wurde einem elfjährigen Schüler ein Messer abgenommen und im Lehrerzimmer verschlossen aufbewahrt. Daraufhin brach der Junge in die Schule ein, um seine Waffe wiederzubekommen. Auf diese Weise wurde aus dem gewalttätigen Jungen ein Krimineller. Schulen müssen sich die Kritik gefallen lassen, dass sie zwar Gewaltanwendungen zuweilen verhindern, bei der Ursachenbekämpfung jedoch versagen.

Was Eltern gewalttätiger Kinder tun können

Was können Eltern tun, wenn sie merken, dass ihr Sohn zu den Gewalttätern gehört oder ein aktiver Sympathisant derer ist?

➞ Stellen Sie Ihren Sohn zur Rede. Lassen Sie sich berichten, wie er das Geschehene sieht. Verlangen Sie von ihm eine Einschätzung seines Verhaltens. Ist Ihr Sohn davon überzeugt, dass er sich richtig verhält, dann müssen Sie handeln.

➞ Sprechen Sie mit dem Klassenlehrer. Davon sollte Ihr Sohn jedoch nichts erfahren. Stellen Sie mit dem Lehrer einen Katalog zusammen, in dem weniger das Verhalten Ihres Sohnes kontrolliert und kritisiert wird, als vielmehr seine positiven Leistungen herausgestellt werden. Auch dann, wenn sie nicht unmittelbar mit den schulischen Leistungen zusammenhängen.

Den Sympathisanten von Gewalttätern muss klar gemacht werden, dass sie mit ihrem Verhalten die Gewalt unterstützen.

➞ Wenn Sie der Vater sind: Verstärken Sie Ihren positiven Einfluss, lassen Sie Ihren Sohn Ihre »gewaltfreie« Männlichkeit erleben. Wenn Sie die Mutter sind: Sorgen Sie für einen stärkeren Einfluss eines »gewaltfreien« Mannes.

➞ Animieren Sie Ihren Sohn, seine Kraft und Stärke bei guten Taten zu beweisen, z. B. Mithilfe bei der Ernte eines Bauern, bei Großeinkäufen oder bei karitativen Aktionen wie Elektronikschrott-, Papier- oder Altkleidersammlungen.

➞ Fördern Sie die sportlichen Ambitionen Ihres Sohnes, am besten in einem Team, das ihm Fairness vermittelt. Vorsicht beim

Fußball: Oft stehen die Vereine unter Erfolgszwang und legalisieren damit geradezu die Gewalttätigkeit. Die Ausbildung in einer Kampfsportart kann sowohl dem Interesse Ihres Sohnes entsprechen als auch seine Minderwertigkeitskomplexe ausgleichen.

Wenn Ihr Sohn Opfer ist

Zu den ungeschriebenen Gesetzen gehört es, dass mit jeder Einmischung von Eltern ins Geschehen auf dem Pausenhof den Opfern unterstellt wird, sie hätten gepetzt. Die Folgen sind für sie schlimmer, als wenn sich die Eltern nicht eingemischt hätten. Trotzdem dürfen Eltern bei Verdacht, dass ihr Kind Opfer von Gewalt ist, nicht tatenlos zusehen. Ihr Handeln sollte jedoch mit Bedacht erfolgen.

Wie Sie erkennen, dass Ihr Sohn ein Opfer ist

Im Kapitel »Gewalt kommt nicht von allein« (→ S. 44) haben wir uns damit beschäftigt, wie Sie einer gewalttätigen Entwicklung Ihres Sohnes vorbeugen können.

Eltern können die Gewaltanwendung an vielen verschiedenen Details erkennen:

- An blauen Flecken, Schürf-, Kratz-, Stich- oder Schnittwunden; am Verhüllen von Verletzungen durch Schals, Kragen oder Tücher
- An öfters zerrissener oder beschädigter Schulkleidung, an zerbrochenen Brillen, Federmäppchen und anderen beschädigten Gegenständen
- Am unerklärlichen Verschwinden von Kleidungsstücken (vorzugsweise Markenkleidung), z. B. Schuhen, Jacken
- An unerklärlichem Geldbedarf, über die Taschengeldgrenze hinaus
- An auffälliger, plötzlicher Unlust zur Schule zu gehen
- Am ängstlichen Verhalten auf dem Schulweg, der Bitte um Begleitung

➞ Am Auftreten von psychosomatischen Krankheiten: z. B. Kopfschmerzen, Magenschmerzen, Durchfall
➞ An der Weigerung, über die Schule zu sprechen
➞ An der Äußerung von Selbstmordgedanken
➞ An plötzlich auftretenden, nicht entwicklungsbedingten Verhaltensänderungen wie Schweigsamkeit, Introvertiertheit, Bekümmertheit, Niedergeschlagenheit, Unlust
➞ Wenn der Junge die Wohnung nicht mehr verlässt, sich einschließt oder verschanzt
➞ Wenn seine Freunde nicht mehr kommen und Ihr Sohn sie nicht mehr besucht
➞ Wenn die schulischen Leistungen plötzlich stark abfallen
➞ Wenn Ihnen ungewöhnliche Veränderungen auffallen, z. B. Nägelkauen, Nervosität, Stottern, Bettnässen, Alpträume
➞ Wenn sich Ihr Sohn weigert, Schulausflüge mitzumachen oder wenn er nicht mit ins Landschulheim möchte
➞ Wenn Ihr Sohn für die beschriebenen Indizien unglaubwürdige Ausreden benutzt oder sie rigoros abstreitet

Kaum ein Junge wird seinen Eltern freiwillig erzählen, dass er in der Schule gehänselt, gedemütigt, erpresst oder geschlagen wird, wenn er nicht abschätzen kann, dass sich dadurch seine Situation wirksam verbessert.

Was Sie tun können

Falls Sie den Verdacht haben, dass Ihr Sohn Opfer von Gewaltanwendungen ist, sollten Sie keinesfalls tatenlos zuschauen.
➞ Drängen Sie Ihren Sohn aber nicht, mit der Wahrheit herauszurücken, drohen Sie ihm nicht.
➞ Versichern Sie ihm, dass Sie ihm helfen können, dass er mit Ihnen rechnen kann, dass Sie gemeinsam im Team diese Situation bewältigen können.
➞ Falls Sie körperliche Verletzungen entdecken sollten, suchen Sie mit ihm unverzüglich einen Arzt auf, und lassen Sie die Verletzungen attestieren.
➞ Wenn Ihr Sohn erkennbare psychische Schäden erlitten hat, besuchen Sie möglichst umgehend einen Schulpsychologen. Fragen

Sie beim Schulamt (Kreis- oder Stadtverwaltung) nach.

➟ Sprechen Sie mit dem Lehrer oder der Schulleitung. Doch besuchen Sie möglichst unbemerkt die Schule, oder treffen Sie sich mit dem Lehrer an einem neutralen Ort.

➟ Bestärken Sie Ihren Sohn, die Klasse oder sogar die Schule zu wechseln. Diese Maßnahme ist vor allem dann angebracht, wenn die Situation unrettbar verfahren scheint.

»Papa sagt, ich bin cool. Als er mit den Rollerblades stürzte und arg blutete, hab' ich ein Foto gemacht.« Marlon, 7 Jahre

➟ Lassen Sie Ihren Sohn eine Kampfsportart erlernen (am besten Aikido). Damit erlernt Ihr Sohn, die Angriffe stärkerer Jungen abzuwehren und sich vor Verletzungen durch Messer oder Schlagwaffen zu schützen.

➟ Stärken Sie das Selbstbewusstsein Ihres Sohnes. Vermitteln Sie ihm entschlossenes Auftreten mit eindeutigen Willensbekundungen. Je resoluter und bestimmter ein Junge auftritt, umso seltener wird er ein Opfer von Gewalt.

➟ Wenn Ihr Junge überempfindlich reagiert, z. B. bei geringen Anlässen weint, und so Gewalthandlungen geradezu auf sich zieht, sollten Sie Ihr Verhalten und Ihren Erziehungsstil überprüfen. In Turn- und Sportvereinen kann Ihr Sohn lernen, seine körperlichen Empfindungen besser einzuschätzen und zu beherrschen.

Hilfe für hilflose Lehrer

Gewaltsame Konflikte zwischen Schülern und zwischen Schülern und Lehrern sind an deutschen Schulen nicht die Ausnahme, sondern eher die Regel. Leidtragende sind nicht nur die Opfer, sondern auch alle Unbeteiligten, denn ihnen wird der Unterricht vermiest. Die Lehrer können oft die Ursachen für gewalttätiges Verhalten kaum ermitteln – weil sie keine Zeit oder auch nicht die Möglichkeiten haben. Um den Schaden für die Klasse oder Schule klein zu halten, greifen sie darum meist zur einfachen, aber ungerechten

Lösung: Sie bestrafen die Beteiligten – in der Regel denjenigen, der ohnehin schon mit Aggressionen oder als Störer aufgefallen ist. Dieser Schüler darf dann beispielsweise bei der Klassenfahrt nicht mitfahren. Damit wird jedoch das Gegenteil erreicht: Der Schüler wird ausgeschlossen, und er erhält keine Chance, sich positiv zu bewähren. So bestraft, steht er mit dem Rücken zur Wand und kann nur mit neuen Aggressionen seinen Status erhalten. Damit provozieren Lehrer weitere Störungen des Unterrichts, die weitere Strafen und im schlimmsten Fall einen Schulverweis zur Folge haben. Doch es gibt neue Ansätze und Methoden, die dazu beitragen können, diesen Kreislauf zu durchbrechen.

Vermitteln statt Bestrafen

Seit etwa fünf Jahren beweisen viele Schulen, dass die meisten Konflikte geschlichtet werden können. Mediation – also Vermittlung – heißt das Zauberwort. Jedes Bundesland verfolgt derzeit einen eigenen Weg, an dem sich die Schulen freiwillig beteiligen können. Beispielsweise machen in Hessen mehr als 120 Schulen an der Aktion »Mediation und Schulprogramm« mit. Die Erfolge in der Gewaltvorbeugung sind unterschiedlich, eine statistische Auswertung gibt es noch nicht. Aber: In fast allen beteiligten Schulen konnte mit der Mediation das Schulklima erheblich verbessert werden. Und das Schulklima ist meist dafür verantwortlich, dass Konflikte gewalttätig ausgetragen werden.

Informationen über das Projekt »Mediation und Schulprogramm« erhalten Sie über das Pädagogische Institut Frankfurt, Gutleutstraße 8, 60329 Frankfurt.

Im hessischen Modell werden Lehrer und Schüler in besonderen Lehrgängen als Mediatoren ausgebildet. Lehrer lernen dort beispielsweise, dass sie keine Lösung vorgeben sollen. Anstatt sich einzumischen, sollen sie als Begleiter die Jugendlichen fördern, ihre Konflikte selbstständig zu lösen, und zwar nicht mit verbaler Gewalt oder mit der Faust, sondern mit dem Austausch von Argumenten.

Mediatoren sichern im Konfliktfall als neutrale Dritte ein korrektes Verfahren, das für alle nachvollziehbar ist, und sie übernehmen die Schlichtung. Je mehr Lehrer und Schüler sich an der Mediation beteiligen, umso höher wird die Fähigkeit an einer Schule, Konflikte friedlich zu lösen. Gehören die Schüler-Mediatoren unterschiedlichen sozialen Schichten an, ist ihre Arbeit meist sehr erfolgreich. Bis allerdings Mediatoren von allen Schülern akzeptiert werden, können drei bis fünf Jahre vergehen.

Wenn zu Hause wenig miteinander gesprochen wird, können die Kinder auch in der Schule Konflikte schlechter ertragen und bewältigen.

Im Unterricht lernen, Konflikte zu lösen

In Hessen will man mit einem weiteren Schritt der Gewalt in der Schule vorbeugen: An einigen Schulen wurde in der siebten Klasse ein spezielles Unterrichtsfach zur Gewaltprävention und Konfliktlösung eingeführt. Denn nicht die Konflikte sind das Problem, sondern der Umgang damit. »Soziales Lernen« heißt dieser Sonderunterricht, durch den die Bedingungen in der Zwangsgemeinschaft einer Schulklasse verbessert werden können.

Marion Altenburg ist Lehrerin an der Weibelfeldschule in Dreieich bei Frankfurt, einem Ort mit hohem Ausländeranteil. Sie vermittelt ihren Schülerinnen und Schülern in diesem Unterricht soziale Fähigkeiten. Beispielsweise lernen die Schüler, ihre eigene Stärken herauszufinden und zu benennen, ohne damit andere Schüler zu bedrängen. Sie können ihre Schwächen entdecken, ohne sich damit den Stärkeren auszuliefern. Und sie lernen, Ich-Botschaften über ihre Gefühle zu formulieren. Marion Altenburg hilft ihnen damit gewissermaßen Zugang zu sich selbst und zu anderen zu finden. Das Ziel des Unterrichts ist, dass die Jugendlichen die Verschiedenartigkeit und die unterschiedlichen Werte der Einzelnen verstehen und tolerieren. Dies sind wichtige Voraussetzungen, um bei Konflikten bereit zu sein, gemeinsam eine Lösung zu suchen, und fähig zu sein, eine gemeinsame Lösung zu finden.

»Die Jugendlichen machen das gern«, berichtet Marion Altenburg. Trotz aller Erfolge gibt es viele Schwierigkeiten, z.B. die Unfähigkeit der Jugendlichen, sich auszudrücken: »Die Wort- und Sprachlosigkeit ist auffällig, besonders die Jungen tun sich schwer.« Gefühle in Sprache zu übersetzen scheitert am vermeintlichen Männlichkeitsideal. Und wenn Jungen doch darüber reden, können sie außer mit »cool, geil, blöd, schlecht« kaum ihren Gefühlszustand differenzieren. Eine Ursache dafür sieht Marion Altenburg in dem übermächtigen Anteil von Bildern, der über die Kinder tagtäglich hereinbricht. »Sicher ist, die meisten ihrer Schüler lesen zu wenig, aber mit ihnen wird auch zu wenig gesprochen«, klagt die Lehrerin, womit sie auf die Eltern verweist. Lediglich Kinder aus dem so genannten Bildungsbürgertum haben es ihrer Ansicht nach leichter.

Marion Altenburg stellte fest, dass Jugendliche die Bedeutung vieler Worte nicht kennen: »Die Jungen in meiner Klasse wussten beispielsweise mit dem Wort ›lieblos‹ nichts anzufangen.«

So helfen Väter ihren Söhnen, die richtigen Worte zu finden

➟ Reden Sie so oft wie möglich mit Ihrem Jungen – nicht nur über allgemeine Themen, sondern auch über Empfindungen. Sprechen Sie über sich und Ihre Gefühle. Erzählen Sie, was Sie im Umgang mit anderen Menschen, beispielsweise Ihrem Chef empfinden. Fragen Sie ihn, wie er sich in der Schule fühlt.

➟ Akzeptieren Sie Ihren Sohn als gleichwertigen Gesprächspartner. Unterbrechen und verbessern Sie ihn nicht, wenn er über seine Gefühle redet. Drückt er sich ungenau aus, fragen Sie nach, was er meint, und suchen Sie gemeinsam nach dem richtigen Ausdruck.

➟ Bewältigen Sie gemeinsam ein Abenteuer, das Ihr Junge sich schon immer einmal gewünscht hat (z. B. eine Kanufahrt auf einem Wildwasserfluss oder eine Höhlenwanderung). Danach erzählen Sie sich gegenseitig, was sie in bestimmten Situationen gefühlt und gedacht haben. Lassen sie Ihren Sohn damit beginnen.

Impressum

Es ist nicht gestattet, Abbildungen und Texte dieses Buches zu digitalisieren, auf PCs oder CDs zu speichern oder auf PCs/Computern zu verändern oder einzeln oder zusammen mit anderen Bildvorlagen/Texten zu manipulieren, es sei denn mit schriftlicher Genehmigung des Verlages.

Weltbild Buchverlag
© 1999 Weltbild Verlag GmbH, Augsburg
4., erweiterte Auflage 2001
Alle Rechte vorbehalten

Redaktion: Annette Gillich, Bettina Reichel
Bildredaktion: Susanne Allende
Umschlag: Lydia Koch
Layout: KL-Grafik Klaus Lutsch, München
DTP/Satz: Fischer's DTP-Studio, München
Reproduktion: Uhl + Massopust, Aalen
Druck und Bindung: Offizin Andersen Nexö – ein Betrieb der INTERDRUCK Graphischer Großbetrieb GmbH, Leipzig

Gedruckt auf chlorfrei gebleichtem Papier

Printed in Germany

ISBN 3-89604-416-8

Der Autor
Wolfgang Thielke war lange Jahre für renommierte Zeitschriften und Tageszeitungen tätig: unter anderem als Chefredakteur des Verbrauchermagazins *Lebensmittel aktuell*, als Redakteur bei *Bunte* und der Zeitschrift *Eltern*. Heute arbeitet er als freier Journalist, Redakteur und Autor für verschiedene Verlage. Dabei beschäftigt er sich vor allem mit Themen aus den Bereichen Gesundheit, Ernährung und Pädagogik.

Haftungsausschluss
Die Inhalte dieses Buches sind sorgfältig recherchiert und erarbeitet worden. Dennoch können weder der Autor noch der Verlag für die Angaben in diesem Buch eine Haftung übernehmen.

Bildnachweis
Bavaria Bildagentur GmbH & Co. KG, Gauting/München: 2 (VCL), 4 (VCL), 6 (Katzer), 116 (VCL), 133 (VCL); Image Bank Bildagentur GmbH, München: 15 (Erlanson), 22 (Lewin), 30 (Barros & Barros), 31 (Regine M), 53 (Yellow Dog Prods), 58 (v. Petten), 78 (de Lossy), 84 (Lewin), 85 (Lewin), 96 (Malhaux Photo), 121 (de Lossy), 128 (de Lossy), 135 (Erlanson), 137 (Erlanson); Focus Photo und Presseagentur GmbH, Hamburg: 22 (Moulds/Science Photo Library); Mauritius Die Bildagentur GmbH, Mittenwald: 17 (AGE), 45 (Gutekunst), 49 (SST), 50 (Stock Image), 52 (AGE), 55 (Ley), 150 (AGE); PhotoPress, Stockdorf/München: 136 (Hapf); Getty Images Deutschland GmbH, München: 44 (Cohen), 47 (Gentieu), 59 (Millar), 87 (Monneret), 90 (Peek-Adamski), 108 (Bernager), 140 (Kaluzny), 146 (Rajs); Heidi Velten, Leutkirch-Ausnang: 21, 27, 65; zefa visual media gmbh, Düsseldorf: 3 (Wartenberg), 13 (Wartenberg), 18 (Sander), 43 (Baden), 60 (Baden), 81 (Index Stock), 102 (Baden), 134 (Norman).
Titelbild: Getty Images Deutschland GmbH, München: (Bernager), Umschlagrückseite: Image Bank Bildagentur GmbH, München: (Lewin)

Quellennachweis
Seite 72: Josef Guggenmos: Was denkt die Maus am Donnerstag? Beltz & Gelberg. Weinheim 1998

Literatur
Faller, Kurt: Konflikte selber lösen. Verlag an der Ruhr. Mühlheim 1996
Thielke, Wolfgang: Ich verstehe mein Kind nicht mehr! Weltbild Verlag. Augsburg 1999
Hoffmann, Berno: Geschlechterpädagogik. Votum Verlag. Münster 1994
Jursch, Günter: Das Prinzip der heimlichen Freude. Über den Umgang mit unangenehmen Gefühlen. C. Kiessling. München 1994
Keen, Sam: Feuer im Bauch. Bastei Lübbe. Bergisch Gladbach 1993
Schnack, Dieter/Neutzling, Rainer: Kleine Helden in Not. Jungen auf der Suche nach Männlichkeit. Rowohlt Verlag. Reinbek bei Hamburg 2000

Stichwortverzeichnis